ALL AREA ACCESS

PRODUKTIONSLEITUNG IN DER VERANSTALTUNGSBRANCHE

JURISTISCHES, TECHNISCHES UND
WIRTSCHAFTLICHES KNOW HOW

ROBERT HEINZE

Ein Fachbuch von

All Area Access

Verlag, Herausgeber und Autor machen darauf aufmerksam, dass die im vorliegenden Buch genannten Namen, Marken und Produktbezeichnungen in der Regel namens- und markenrechtlichem Schutz unterliegen. Trotz größter Sorgfalt bei der Veröffentlichung können Fehler im Text nicht ausgeschlossen werden. Verlag, Herausgeber und Autor übernehmen deshalb für fehlerhafte Angaben und deren Folgen keine Haftung. Sie sind dennoch dankbar für Verbesserungsvorschläge und Korrekturen.

© 2003
PPVMEDIEN GmbH, Bergkirchen

ISBN 3-932275-64-0

Titelfoto: Sirius Showequipment AG
Titelgestaltung: Saskia Kölliker
Lektorat: Armin Krämer
Bilder: Autor und siehe Quellennachweis S. 187
Projektbetreuung: Christina Sandhop-Beiche
Satz und Layout: Saskia Kölliker
Abwicklung: Sabine Schnieder
Druck: Westermann Druck Zwickau GmbH

Alle Rechte vorbehalten. Nachdruck, auch auszugsweise, sowie Vervielfältigungen jeglicher Art nur mit schriftlicher Genehmigung der PPVMEDIEN GmbH.

Über dieses Buch

Mit der Planung und Durchführung größerer Veranstaltungen werden zunehmend Produktionsleiter betraut, die die juristischen, technischen und wirtschaftlichen Aspekte eines Events professionell handhaben und die Veranstalter dadurch maßgeblich entlasten.

Das Buch beschreibt Aufgaben und Funktionen eines Produktionsleiters und liefert fundiertes Praxiswissen zur Planung und Durchführung von Veranstaltungen. Der Autor gibt konkrete Informationen zu Materialeinsatz, Technik, Personalstrukturen, zum Umgang mit Ämtern und Behörden, zu Budgetplanung und Krisenmanagement. „All Area Access" gibt viele Hinweise und nützliche Tipps für die Produktion und ist ein weitgefächertes Nachschlagewerk vor Ort. Zahlreiche Planungshilfen und Checklisten erleichtern die Vorbereitung der eigenen Veranstaltung.

Das Buch richtet sich an alle, die mit größeren Veranstaltungen zu tun haben: an Produktionsleiter, Stage Manager, Veranstalter, Veranstaltungstechniker und an alle, die gern einmal hinter die Kulissen schauen wollen.

Über den Autor

Robert Heinze übernahm 1996 seine erste Produktionsleitung und arbeitete seitdem auf über 150 Veranstaltungen als Lichtoperator, Lichtdesigner, Veranstalter oder Produktionsleiter. Praktische Erfahrungen als Planer und Produktionsleiter sammelte er vor allem auf mehrtägigen Festivals. Dabei betrachtete er auch ständig die theoretischen Aspekte von Veranstaltungen.

Im Herbst 2003 schließt Robert Heinze sein Studium der Elektrotechnik mit einer Diplomarbeit über Lichttechnik im Veranstaltungsbereich ab.

Inhaltsverzeichnis

Vorwort 7

1. Definitionen 9

2. Grundlagen
   2.1. Veranstalter und Produktionsleiter 13
   2.2. Budget 17
   2.3. Größenordnungen von Veranstaltungen 19
   2.4. Mehrere Produktionsorte 21
   2.5. Wahl des Veranstaltungsorts 23
   2.6. Behörden und Ämter 28
   2.7. Anträge, Formulare und Gebühren 34
   2.8. Brand- und Lärmschutz 47
   2.9. Amtliche Abnahme 54
   2.10. Rettungskräfte 55
   2.11. Gastronomie 63
   2.12. Planungshilfen 67
   2.13. Produktionsbüro 73

3. Material
   3.1. Bühnentechnik 75
   3.2. Tontechnik 80
   3.3. Licht- und Pyrotechnik 84
   3.4. Fuhrpark 88
   3.5. Hardware 91
   3.6. Zelte 97
   3.7. Heiztechnik 98
   3.8. Bestuhlung 99
   3.9. Küchen 101
   3.10. Funk 101
   3.11. EDV 105
   3.12. Kleinmaterial und Pässe 105

Inhalt

4. Personal
    4.1. Strukturen 109
    4.2. Führungsstab 113
    4.3. Professionelle Kräfte 117
    4.4. Pauschalkräfte 130

5. Produktionsplanung
    5.1. Vorproduktion 135
    5.2. Aufbauphase 145
    5.3. Veranstaltungsphase 149
    5.4. Abbauphase 153

6. Besondere Situationen
    6.1. Park- und Zeltplätze für Veranstaltungen 157
    6.2. Improvisation 162
    6.3. Veranstalter weg? 164
    6.4. Vandalismus, Verletzte, Tote 166

Anhang 1 Materialcheckliste 169
Anhang 2 Personalcheckliste 174
Anhang 3 Pass- und Essensmarkenlisten 176
Anhang 4 Band-/Künstlerlisten 178
Anhang 5 Glossar 180

Quellennachweis 187

Index 188

Dieses Buch ist Ina H. gewidmet;
ohne diese wunderbare Frau hätte ich damals nie den Weg
eingeschlagen, der zu diesem Buch führte.

Vorwort

In diesem Buch werde ich die Aufgabe des Produktionsleiters auf Veranstaltungen beschreiben und auf alle Aspekte seiner Arbeit eingehen. Die Idee dazu entstand aus der Erkenntnis heraus, dass keine verbindlichen Maßstäbe für diesen Berufstand existieren. Die Strukturen bei der Planung von Großveranstaltungen sind recht frei und können von jedem Veranstalter fast beliebig aufgestellt werden. Ein Fortschritt ist es, mit Produktionsleitern zu operieren, denn diese können den teilweise noch sehr jungen Veranstaltern die wichtigsten und gefährlichen Tätigkeiten abnehmen und steuern viel Erfahrung bei. Dieses Buch geht auf die Planung und Durchführung größerer Veranstaltungen ein und gibt viele praktische Tipps für eigene Vorhaben. Die elementaren Probleme der Produktionsleitergilde sind der Nachwuchs und die Qualifikation: Wie kann jemand, der gern in dieser Richtung arbeiten möchte, in das enge Geflecht von Kontakten und Beziehungen hineinrutschen, und wie kann man mit wenig Referenzobjekten einen Veranstalter von seiner Qualität überzeugen oder einen Preis für seine Dienstleistungen ansetzen? Es gibt leider keine optimale Lehre und kein Studium für Veranstaltungskoordination für die Produktionsleitung von Veranstaltungen oder technisches Event Management. Jedoch sind die Aufgaben recht spezifisch, und es liegt eine große Verantwortung in den Händen des Produktionsleiters, denn mit wenigen Fehlentscheidungen können in kurzer Zeit viele Menschen verletzt werden. Dieses Buch soll Veranstaltern und Kollegen in der Veranstaltungsbranche die wichtigsten Grundlagen im Production Management vermitteln und meine persönlichen Erfahrungen weitergeben.

Ich selbst habe 1996 mit einer Open-Air-Veranstaltung meine erste Produktion in die Hand genommen. Mein Einstieg gestaltete sich, da ich auch Veranstalter war, recht einfach. Seitdem habe ich viele Baustellen geleitet und nach und nach mehr Erfahrungen gesammelt, die in dieses Werk eingehen. Zu meinen persönlichen Höhepunkten, was Erfahrungen anbelangt, zählte die Produktionsleitung des Wave-Gotik-Treffens im Jahr 2000 in Leipzig mit etwa 25.000 Besuchern.

All Area Access

Alle Preis- und Kostenangaben unterliegen zwangsläufig der Marktwirtschaft und dienen nur zur sehr groben Orientierung (Stand: 2002).

An dieser Stelle möchte ich Jenny Winkler, Stefan Birkeneder, Alex Wenke, Uwe Bergner und Sina Krause für ihre Vorkritik, ihre Hinweise und ihre liebevolle Unterstützung danken.

Weiterhin grüße ich alle „Loomer" (Basti, Iron, SPU, Rajk und Falk), die alte „in audito Crew", Norbert (Berts Light), alle „Filter-Veteranen" (vor allem Michael, Udo und Domusch), das „Kassa-Team Jena" (vor allem Ellen und Jörg), Familie Kinne, LTL (besonders Jörg), Nightline (hauptsächlich Joschie), Black Rainbow (besonders André und Danny), Robert Dobschütz, Thomas Mann (Straße E), Rolf Langner (Bauordnungsamt Leipzig) und meine Mutter.

1. Definitionen:
Veranstaltung, Produktion, Produktionsleitung

Im ersten Kapitel werden die Begriffe Veranstaltung und Produktion definiert. Auch die Tätigkeit eines Produktionsleiters wird grundlegend erläutert und abgegrenzt.

Eine Veranstaltung in unserem Sinne ist eine Zusammenkunft mehrerer Menschen zum Hören oder Ansehen künstlerischer Darbietungen. Meist spielen eine oder mehrere Bands oder DJs. Aber auch Messen, Filmvorführungen, politische Kundgebungen, Vernissagen, Theatervorführungen, Opernaufführungen, Licht- und Pyrotechnikspektakel fallen unter den Begriff „Veranstaltung". Man unterscheidet zunächst öffentliche und nichtöffentliche Veranstaltungen. Weitere Kriterien zur Klassifikation sind die Art der Musik (Metal, Gruft, Techno, Klassik, Hip Hop usw.), der Veranstaltungsort (indoor – innerhalb eines Gebäudes oder outdoor – im Freien, Open Air) und die Anzahl der Spielstätten (Bühnen, DJ-Sets). Entscheidend ist auch die Dauer des Ereignisses (Stunden bis Tage) und die Anzahl der Künstlergruppen (Record Release bis Festival beziehungsweise ein bis teilweise mehrere hundert Künstler). Das wichtigste Mittel, um eine Veranstaltung zu charakterisieren, ist die Anzahl der erwarteten oder vorhandenen Besucher, die nach einzelnen Veranstaltungstagen oder für die Gesamtdauer angegeben wird.

was ist eine Veranstaltung?

Die Veranstaltung plant und führt ein Produktionsleiter, auch „Technischer Leiter" (im weiten Sinne), „Projektleiter", „Veranstalter vor Ort", „Veranstaltungskoordinator", „Event Manager" oder „Verantwortlicher vor Ort" (Behörden) genannt. Er verantwortet die technische Struktur beziehungsweise den Ablauf einer Veranstaltung.

was ist ein Produktionsleiter?

Oft wird man gefragt, was man eigentlich für eine Ausbildung braucht, um als Produktionsleiter zu arbeiten. Bis jetzt gibt es hier keine spezielle Ausbildung. Es sind zu wenige Leute in dieser Richtung aktiv, um eine Innung, einen Verband oder gar eine Lehre oder ein Studium aufzubauen. So sind alle Produktionsleiter im Veran-

Ausbildung zum Produktionsleiter

All Area Access

staltungsbereich Quereinsteiger, die meist aus technischen Arbeitsgebieten kommen. Immerhin kann man ein Produktionsstudium an einer Film- oder Theaterhochschule antreten oder sich an einer Kunsthochschule in Kulturmanagement einschreiben. Viele Universitäten bieten Fächer und Studiengänge zum Event Management an, die die wirtschaftliche Seite des Themas betrachten. Darüber hinaus existieren (IHK) Lehrgänge zum Bühnen-, Beleuchtungs- oder Tonmeister, die die technische Seite in den Mittelpunkt stellen. Und es gibt die Möglichkeit, bei der VPLT (Verband für Licht-, Ton- und Veranstaltungstechnik e.V.), bei der Deutschen-Event-Akademie Hannover oder an der Siemens-Media-Academy Berlin Kurse zum Thema Veranstaltungstechnik und zu angrenzenden Gebieten zu belegen. All das deckt nur Teile der eigentlichen Aufgabe ab, ist jedoch auf jeden Fall hilfreich. Am effektivsten sind Praktika bei aktiven Produktionsleitern oder bei Veranstaltungsfirmen. Auch Praktika bei Subgewerken, zum Beispiel Technikfirmen, können viel Nützliches bieten. So kann man sich in Ruhe mit der Materie vertraut machen.

was macht ein Produktionsleiter?

Im Wesentlichen verknüpft der Produktionsleiter Personal und Material in einer festen Zeitplanung und sorgt für die Integrität des Veranstaltungsorts. Man kann auch den Gesamtpart in kleinere Aufgabenbereiche teilen und so beispielsweise jemandem die Planung im Vorfeld übertragen, einen anderen mit der Durchführung betrauen und wieder einen anderen nur für den Aufbau einteilen. Auf jeden Fall aber sollte er ein ausgeprägtes Verantwortungsbewusstsein mitbringen und bereit sein, in seinem Arbeitsbereich von Anfang an Verantwortung zu tragen. Fehlendes Fachwissen kann sich ein angehender Produktionsleiter durch Fragen und Ermitteln zusammensuchen. Eigenschaften die man nicht mitbringen sollte, sind Verantwortungsscheu, Ungenauigkeit, Leichtgläubigkeit und Faulheit. Man braucht viel Ausdauer, eine hohe (auch physische) Belastbarkeit, Teamfähigkeit, Respekt und ein gutes Vorstellungsvermögen.

Der Produktionsleiter ist das organisatorische Zentrum der Produktion, bei ihm muss das Relevante zusammenlaufen, und er muss kompetent genug sein, für all die Dinge, die in sein Ressort fallen, Entscheidungen zu treffen. Theoretisch braucht man als Produktionsleiter nur ein Konzept der Aktion (Wie soll die Veranstaltung aussehen? Wann soll sie stattfinden? Wer soll auftreten? usw.) und die notwendigen finanziellen Mittel zur Umsetzung. Mit einem Produktionsleiter kann ein Veranstalter viele Aktionen auf einmal oder in

1. Definition

kurzen Abständen durchführen und muss nicht permanent vor Ort sein, er braucht nicht einmal den Ort des Geschehens zu sehen. In der Praxis jedoch kommen die wesentlichen Ideen und Impulse vom Veranstalter selbst, und er ist natürlich in den meisten Fällen auch auf der Veranstaltung zugange. Das Vertrauen zwischen Produktionsleiter und Veranstalter ist sehr wichtig, ja entscheidend für die gesamte Veranstaltung. Der Produktionsleiter sollte permanent vor Ort sein und, wenn möglich, am Produktionsort eine Schlafmöglichkeit besitzen. Gern wird er als der Vater der Veranstaltung verstanden. Genauso sollte jeder Kollege seine Baustelle (Produktionsort) als Kind sehen. In der Tat ist die Produktion ein lebendes Gebilde, das man formt und das recht schnell eine eigene Dynamik gewinnt.

Es gibt nicht viele, aber ein paar kann man kennen lernen: weibliche Produktionsleiter. Es ist wohl dem weiblichen Organisationstalent und Verantwortungsbewusstsein zuzurechnen, dass sie fast immer besser als ihre männlichen Kollegen produzieren.

weibliche Produktionsleiter

Bei einer Produktion geht es darum, etwas zu produzieren. Die Produktion zaubert aus nichts beziehungsweise aus nicht viel fast all das, was man dann sieht und anfassen kann – zumindest das technische Skelett einer Veranstaltung. Sie bedeutet in diesem Fall die Herstellung eines Massenspektakels, und der Produktionsleiter ist Herr über den Fertigungsprozess des Ganzen. Die Veranstaltung umfasst viel mehr als nur die Party am Abend; es gehört auch Werbung, Wirtschaft, Booking (Künstler bestellen), Dekoration usw. dazu.

was ist eine Produktion?

Eine Produktion zu machen heißt, viele einzelne Elemente zu verweben, ähnlich wie ein Produkt aus mehreren Komponenten zusammengebaut ist. In der Veranstaltungsbranche ist Produktion gleich alles minus Booking, minus Werbung, minus Sponsorarbeit, minus Presse, zum Teil minus Finanzen, minus Gastronomie und Dekoration. Theoretisch bleibt nach dieser Rechnung alles, was man auf der Veranstaltung anfassen kann, übrig. Die Produktion lässt sich in zwei wesentliche Bereiche teilen: in Material und Personal; beides ist zeitlich verknüpft.

Zeit, Material und Personal beeinflussen sich gegenseitig

```
         Zeit
        /  ↕  \
       /      \
   Material ↔ Personal
```

All Area Access

Bei kleineren Veranstaltungen übernimmt der Produktionsleiter auch die Bereiche Dekoration und Gastronomie. Wird noch mehr übernommen (Idee, Grundkonzeption, Werbung, Booking usw.), kann man sich auch gleich Veranstalter nennen, wenn auch mit passiven Geldgebern.

2. Grundlagen

Das zweite Kapitel vermittelt einen Überblick über die Dimensionen, die eine Veranstaltung ausmachen. Hier findet man Kriterien und grundlegende Sachverhalte zur Planung und Umsetzung von Produktionen.

2.1. Veranstalter und Produktionsleiter

Hier wird die Rolle eines Veranstalters erläutert und die Schnittstellen zwischen Produktionsleiter und Veranstalter vorgestellt. Dazu gehört auch ein Beispiel für einen Produktionsleitervertrag.

Die wichtigste Person bei einer Veranstaltung ist der Veranstalter. Er bildet das Zentrum des Ganzen, trägt das wirtschaftliche Risiko. Meistens kommen die Idee für das Vorhaben, das Grundkonzept und die Start-Initiative vom Veranstalter. Generell läuft nichts ohne ihn. Der Veranstalter kann auch eine juristische Person (eine Firma beziehungsweise Gesellschaft) sein. Ein Veranstalter braucht einen Gewerbeschein, um geschäftsfähig zu sein. Der Vorteil einer Gesellschaft (GmbH, Gesellschaft mit beschränkter Haftung) besteht darin, dass sie nur mit der Stammeinlage (mindestens 25.000 Euro) haftet, es sei denn, es wird Fahrlässigkeit nachgewiesen. Natürliche Personen haften mit ihrem gesamten (auch privaten) Vermögen. Bei Gesellschaften nimmt der Geschäftsführer eine zentrale Rolle ein, er entscheidet über Geschäfts- und Vertragsabschlüsse. In der Praxis stellt er aber oft Vollmachten aus, da es vor allem in großen Firmen für eine Person sehr schwierig ist, alles allein zu erfassen. Natürlich treten bei mehreren Personen an der Spitze mehr und mehr Kommunikationsprobleme und Abstimmungsvarianzen auf. Vollmachten der Geschäftsführung sind auch für einen Produktionsleiter sehr wichtig, wenn er weitgehend selbständig arbeiten will. Das Zusammenspiel von Veranstalter und Produktionsleiter muss unbedingt in einem Vertrag festgelegt werden, um Arbeitsweisen, Vollmachten, Haftung, Budgets, Termine und Leistungen zu definieren.

der Veranstalter

Produktions- | Der Vertrag des Produktionsleiters sollte neben den Namen und
leiter-Vertrag | vollständigen Anschriften der Vertragspartner zumindest folgende Paragraphen enthalten:

§ 1
Vertragsgegenstand: Name der Veranstaltung, Veranstaltungszeit, Benennung des Produktionsleiters.

§ 2
Leistungsumfang: Erläuterung zur Tätigkeit des Produktionsleiters (zum Beispiel Einsatz und Führung des Produktionspersonals im Produktionszeitraum, Verwendung und Einsatz des gesamten Produktionsmaterials, Einhaltung und Vollstreckung des Veranstaltungszeitplans, den technischen Erfolg der Veranstaltung sichern und halten, die Integrität des Veranstaltungsorts sichern, Durchsetzung und Überwachung der amtlichen Sicherheitsauflagen usw.), Aufgaben im Vorfeld der Veranstaltung.

§ 3
Rechte und Pflichten: Verteilung der Verantwortlichkeiten, Weisungsrechte, Hausrechte, Informations-, Konsultations- und Rechenschaftspflichten, allgemeine Legitimationen, Beschränkungen: wer darf was wann und wie lange? Unterschriftsvollmachten, Umgang mit Subfirmen und Personal, Ansprechpartner für den Veranstalter, Produktionshandkassenführung, Regeln für Subfirmenbestellung und Personaleinstellung, Umgang mit Verträgen.

§ 4
Kündigung: wann wer unter welchen Umständen und mit welchen Folgen aus dem Vertrag aussteigen kann

§ 5
Haftungen: wer wann für welche Schäden (Personen-, Sach- und Vermögensschäden) haftet; die Gesamthaftung sollte immer der Veranstalter tragen, Abschluss einer Veranstalterhaftpflichtversicherung oder sonstiger Haftpflichtversicherungen, Haftungen des Produktionsleiters bei Fahrlässigkeit und Vorsatz (bis zur Höhe seiner Vergütung).

§ 6
Zeiten, Unterbringung und Versorgung: Arbeitszeitregelungen (meist keine), Festlegung des Produktions- und Veranstaltungszeit-

rahmens, Vertragsdauer (Beginn und Ende), leibliches Wohl des Produktionsleiters (Catering, Schlafplatz, Büroausstattung, Telefon- und Medienanschlüsse), Passrechte des Produktionsleiters.

§ 7
Assistenz: eventuelle Regelungen einer Assistenz für den Produktionsleiter, wer ist Assistent oder wer sucht, wer zahlt, Weisungsrechte.

§ 8
Vergütung: Höhe der Gesamtvergütung und Höhe der Tagessätze (netto und brutto), wann wie gezahlt wird, Regelungen über Sonderausgaben und Spesen, Aufschläge bei Überziehung des Produktionszeitrahmens.

§ 9
Verschwiegenheitsklausel: welche Informationen nicht an Dritte übermittelt werden dürfen, Umgang mit Unterlagen nach der Veranstaltung.

§ 10
Allgemeine Vereinbarungen: salvatorische Klausel (*Mündliche Nebenabreden zu den Vertragsinhalten bestehen nicht. Änderungen und Ergänzungen dieses Vertrags, auch die Aufhebung dieser Schriftformklausel, bedürfen der Schriftform. Sollten einzelne Bestimmungen dieses Vertrags nichtig oder undurchführbar sein, so wird der Vertrag im Übrigen dadurch nicht berührt. Die nichtige oder undurchführbare Bestimmung wird durch eine wirksame oder durchführbare Bestimmung ersetzt, die in rechtsgültiger Form den angestrebten Zweck im Sinne des Vertrags erfüllt und dem angestrebten wirtschaftlichen und technischen Ergebnis möglichst nahe kommt. Die Vertragsparteien sind verpflichtet, bei der Festlegung der wirksamen oder durchführbaren Bestimmungen zusammenzuwirken. Das gleiche gilt, falls dieser Vertrag eine Regelungslücke enthält.*) Gerichtsstand, Anzahl des Vertragsseiten

Unterschriften des (unterschriftsbevollmächtigten) Veranstalters und des Produktionsleiters mit Angabe des Ortes und des Datums.

Vergütung des Produktionsleiters	Die eigene Vergütung ist selbstverständlich frei verhandelbar. Das Gehalt hängt stark vom Gesamtbudget und vom eigenen Leistungsspektrum ab. Für eine Komplettproduktion mit einer Planungszeit von etwa einem Monat kann man zwischen 2.000 und 6.000 Euro netto verlangen. Dies sind natürlich sehr grobe Richtwerte, die sich am Einkommen mittlerer Führungskräfte orientieren. Bei der reinen Durchführung vor Ort hat sich in der gängigen Praxis ein Tagessatz von 300 bis 600 Euro netto bewährt.
Haftpflichtversicherung	Wenn man hauptsächlich als Produktionsleiter arbeitet, regelmäßig hohe Haftungen übernimmt und dabei ausreichend verdient, sollte man eine großzügige Haftpflichtversicherung mit allen produktionsrelevanten Punkten abschließen. Dafür existieren allerdings keine Standardpakete; man muss also sehr sorgfältig mit seinem Versicherungsvertreter alles durchgehen.
wann man eine Produktion nicht übernehmen sollte	Dem Veranstalter sollte von vornherein klar sein, was ihn erwartet. Gerade eine Großveranstaltung ist so teuer wie eine kleine Firma und das Risiko so hoch wie an der Börse. Gerade junge Veranstalter, die wenig Erfahrung mitbringen, sehen das außerordentliche Risiko selten. Als Produktionsleiter hat man die Pflicht, den Veranstalter über alle Kosten und Risiken im Vorfeld so klar wie möglich aufzuklären. Es werden durch diese sehr spekulativen Gegebenheiten vom Veranstaltungsmarkt auch viele unseriöse Leute angezogen. Wenn die dann anfangen zu stolpern und am Projekt(-volumen) scheitern, ist das auch für den Produktionsleiter immer ausgesprochen negativ.
	Im idealen Fall braucht ein Allround-Produktionsleiter ein schlüssiges Konzept der durchzuführenden Veranstaltung, die nötigen finanziellen Mittel und klare juristische Absprachen. Löcher und Unklarheiten im Konzept können mit eigenen Überlegungen und Lösungen gefüllt werden. Bei geringfügigen finanziellen Mitteln und ungeklärter Haftung sollte man von einem Weiterarbeiten absehen und sich vom Veranstalter öffentlich distanzieren. In jedem Fall sollte man sich im Vorfeld von der Finanzkraft und den Rücklagen des Veranstalters ein Bild machen.
Kommunikation	Eine reibungslose Kommunikation und Arbeitsweise von Veranstalter und Produktionsleiter sind entscheidend; man sollte auf jeden Fall von der Größe des Vorhabens abhängige, regelmäßige Sitzungstermine durchführen und alle unklaren Punkte sofort auf den

Tisch bringen. Niemals Probleme vertuschen oder gar Unwahrheiten erzählen, auch wenn dadurch die eigene Unfähigkeit ans Licht kommen sollte. Damit werden die Probleme nur potenziert und können böse Folgen haben.

2.2. Budget

Hier werden prinzipielle Sachverhalte der Produktions-Budgetierung aufgezeigt.

Die Ehrlichkeit in Sachen Budget ist ebenfalls wichtig. Dumping in der Produktion durch billige Arbeitskräfte oder schlechtes Material kann unkalkulierbare Risiken hervorrufen, die unter dem Strich meist mehr Kosten verursachen. Die Idee, durch Masse einen besseren finanziellen Schnitt (sprich Mengenrabatte, Referenzobjekt oder Sponsoring) zu machen, hört sich interessant an, scheitert aber meist. Um die Produktion wachsen zu lassen, muss bei den meisten Veranstaltungen exponentiell investiert werden. Wenn zum Beispiel ein zusätzlicher Veranstaltungsort angemietet wird, wächst der Aufwand um mehr als 100 Prozent, da neben dem zusätzlichen Material, Personal usw. eine Koordinierung zwischen den Veranstaltungsorten erfolgen muss. Man sollte diese scheinbar wirtschaftlichen Annehmlichkeiten nicht fest kalkulieren. Es ist besser, man freut sich ohne vorherige Verpflichtungen, wenn es funktionieren sollte.

Das Gesamtbudget sollte mit dem Veranstalter in Einzelbudgets aufgeteilt werden, um gemeinsam das Gesicht beziehungsweise die Form der Veranstaltung festzulegen. Die Einzel-Budgetierung kann nur mit einem Grundstock an Marktkenntnis erfolgen. Wer keine Erfahrungen mit Preisen der Branche hat, sollte im Vorfeld einige bei möglichen Subfirmen einholen und sich ein Bild vom Markt machen. Man muss auch die zeitliche Relation einkalkulieren, denn gerade in dieser Branche sind die Preise recht dynamisch. Was vor zwei Monaten noch billig war, kann heute schon sehr teuer sein und sich nicht mehr rechnen oder umgekehrt.   *Budgetaufteilung*

Die nächste Grafik zeigt ein Beispiel für die Budgetaufteilung. Die Aufteilung ist natürlich sehr speziell, so dass eine Vorwegnahme der einzelnen Posten an dieser Stelle sinnlos ist. Zum praktischen Hantieren nutzt man am besten eine Tabellenkalkulation (zum Beispiel MS Excel) und verknüpft die einzelnen Posten dynamisch (perma-   *Budgeterfassung* nent aktualisierend) miteinander, so dass auch feste Aussagen über das Budget deutlich werden. Vorsicht bei Netto- (exklusive Mehrwertsteuer) und Brutto- (inklusive Mehrwertsteuer) Überschneidungen, wenn zum Beispiel einige Kosten mit und andere ohne Mehrwertsteuer zusammengerechnet wurden. Am besten kalkuliert man erst alles netto und fügt am Ende die Mehrwertsteuer hinzu.

Das folgende Diagramm zeigt eine mögliche Aufteilung des Produktionsbudgets:

Budgetierungsdiagramm (Beispiel)

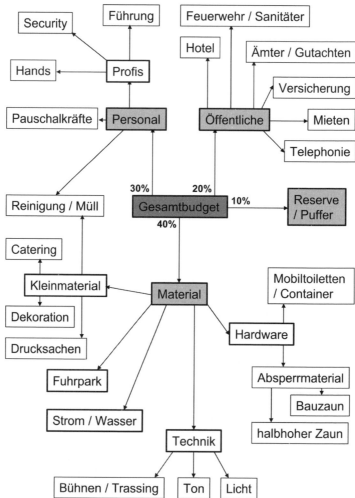

2. Grundlagen

Interessant ist es, den finanziellen Wert einer Veranstaltung zu betrachten. Er ist besonders für den Veranstalter beziehungsweise den Besitzer der Rechte der Veranstaltung von Belang. Ein materieller Wert existiert immer dann, wenn eine Nachfrage vorhanden ist. Und in der Tat werden ab und zu Rechte an Veranstaltungen ver- und gekauft. Das hat allerdings nur einen Sinn, wenn es sich um eine regelmäßige Veranstaltungsreihe handelt. Der Preis richtet sich nach den bisher stattgefundenen Veranstaltungen, nach den erreichten Gästezahlen, der Resonanz der Besucher (Presse), der Variabilität der Ausgabenposten, der Location, dem festen Personal, der Art der Veranstaltung und im Wesentlichen nach der Zugkraft auf das potentielle Publikum in Abhängigkeit vom Line up. Die Preise für große, relativ erfolgreiche Festivals können mehrere Millionen Euro erreichen. Als Produktionsleiter eines Festivals, das eventuell verkauft werden soll, wird man oft konsultiert, was die festen Produktionskosten und die Einsparpotentiale angeht.

finanzieller Wert einer Veranstaltung

2.3. Größenordnungen von Veranstaltungen

Alle Faktoren, die den Umfang einer Veranstaltung ausmachen, werden hier vorgestellt.

Veranstaltungen können 20 Besucher anziehen, etwa die Party zum Geburtstag eines Freundes, oder auch mehr als 100.000 wie das Roskilde-Festival in Dänemark. Die Zahl der Besucher entscheidet über den Aufwand einer Produktion. Je größer die Ausmaße, desto mehr Planungszeit braucht es, desto größer ist die Personalmenge, desto mehr Eigendynamik entwickelt die Produktion, um so größer wird der benötigte Materialposten, desto höher gilt es, die Budgets anzusetzen. Es kann natürlich auch mehr schief gehen, und der Stress des Produktionsleiters wird so auch nicht weniger.

Größe nach Besucherzahl

Bei Großproduktionen ist es ein Phänomen, dass die eigentliche Veranstaltung gegenüber der Planung in den Hintergrund tritt. Der „Doors-open"-Befehl und die darauf entstehende Einlasssituation formieren sich nach Monaten der Planung zu einer Schallmauer, die mit einem lautem Knall durchbrochen wird. Bis zum Tag X die Vorbereitungen zu beenden, gestaltet sich mehr als schwierig. Gefahren liegen in der Betriebsblindheit und einem Realitätsverlust durch

Verzettelungsgefahr

All Area Access

eine extreme Planungsphase. Man bewegt sich Tag für Tag in der Welt dieser einen Veranstaltung und verliert schnell die äußeren Faktoren aus den Augen. Sehr wichtig ist, bereits beim ersten Grundkonzept die Größenordnung der Produktion realistisch einzuschätzen. Wenn man zwei Wochen vor einer 40.000-Mann-Produktion merkt, dass nur 20.000 finanziell und kapazitiv handelbar sind, wenn also doch nicht genug Geld oder Veranstaltungsfläche vorhanden sind, ist es meist unmöglich, die Veranstaltung noch rechtzeitig zusammenzukürzen. Also muss man mit dem Veranstalter einen vertretbaren Rahmen in finanzieller und organisatorischer Sicht zur oberen Schranke der Produktion festmachen und kann so schon früh einen möglichen Schneeballeffekt verhindern.

Größe nach Veranstaltungsdauer

Die geplante Dauer einer Veranstaltung ist ein weiteres Moment der Größenklassifizierung – allerdings nur, wenn mehrere Tage geplant werden. Stunden verändern kaum ein Konzept. Einige Festivals dauern eine ganze Woche. Entscheidende Zeit-Kosten-Faktoren sind hier die massiven Personal- und die Programmkosten, weniger die Mietkosten (Technik, Location usw.). Die Mehreinnahmen werden vor allem durch die Gastronomie erzielt, seltener durch höhere Eintrittspreise und Tageskartenverkaufszahlen. Die Zeit-Geld-Relation einer Veranstaltung ist keineswegs linear. Eine doppelt so lange Dauer (zum Beispiel statt einem zwei Tage) bringt nicht automatisch die doppelten Einnahmen, und es kostet auch nicht das Doppelte. Oft betragen die Mehrkosten für eine Verdopplung der Veranstaltungstage ungefähr ein Drittel der bisherigen, einfachen Gesamtkosten. Die Kosten sind im Gegensatz zu den Einnahmen zumindest berechenbar. Das Risiko muss dann der Veranstalter abschätzen und schließlich entscheiden, wieviel Tage die Veranstaltung dauern wird. Bei dieser Betrachtung spielen Feiertage, Wochenenden und Ferienzeiten eine große Rolle. Vorsicht bei Veranstaltungen, bei denen auch viele Gäste aus dem Ausland erwartet werden, da andere Feiertage und Ferienrahmen für diese Gäste gelten.

regelmäßige Veranstaltungen

Die Regelmäßigkeit einer Veranstaltung, wenn etwa ein Festival jedes Jahr durchgeführt wird, wirkt sich äußerst positiv auf die Produktion aus. Ein Effekt, der nicht nur bei Amtsanträgen, Location-Aufplanungen, Logistik und Materialmieten eine Rolle spielt, sondern auch beim kompletten Personal. Es sollte unbedingt versucht werden, ein festes Produktionsteam zu bilden, das jedes Jahr zusammenarbeitet. Über die Jahre wird das Team immer perfekter aufeinander eingespielt sein. Natürlich lässt es sich dabei auch nicht

2. Grundlagen

vermeiden, einzelne Stellen oder Posten auszutauschen. Auch das komplette Material sollte immer aus denselben Quellen beschafft werden, insofern Qualität und Preis in Ordnung waren. Wenn sich ein Veranstalter sicher ist, relativ viele Veranstaltungen über einen längeren Zeitraum durchzuführen, lohnt es sich teilweise, eigene Technik beziehungsweise Hardware (Zäune, Zelte usw.) zu kaufen. Hierbei sollten auch Lager- und Wartungskosten bedacht werden.

Veranstaltungsfaktoren (Beispiel)

2.4. Mehrere Produktionsorte

Hier wird ein Modell für eine Produktion mit mehreren Veranstaltungsorten vorgestellt.

Veranstaltungen mit mehreren Veranstaltungsorten sind nur mit einem guten System und der Disziplin aller Beteiligten kontrollierbar. Jeder Produktionsort benötigt eine eigene Logistik und Ressourcen, die nur dort verfügbar sind. Am besten plant man jeden Spielort wie eine separate und autarke Veranstaltung. Der Kopf jedes Produktionsorts ist ein lokaler Produktionsleiter. Bei mehr als drei Locations bietet sich eine zentrale Basis und ein zentraler Produktionsleiter an, der alles miteinander verknüpft und die Ressourcen verteilt. Gemeinsam genutzt werden können zum Beispiel ein Fuhr-

mehr als drei Locations

park, ein Materiallager, schweres Baugerät, Puffer-Hands, Puffer-Security, Runner und Gastronomielogistik.

lokale Produktionsleiter Die lokalen Produktionsleiter arbeiten wie konventionelle Produktionsleiter, allerdings absolut begrenzt auf ihre Baustelle. Sie hat nur ihr Veranstaltungsort zu interessieren, um den sie sich konzentriert kümmern müssen. Man kann nur davor warnen, einem Produktionsleiter mehrere Produktionsorte oder umgekehrt einem Produktionsort mehrere Produktionsleiter zuzuteilen. Die Zuteilung von Spielstätten an die lokalen Produktionsleiter sollte so klar, einfach und logisch wie nur möglich sein.

globaler Produktionsleiter Vom zentralen Produktionsleiter sollten Über- und Mangelkapazitäten gleichmäßig über alle Veranstaltungsorte verteilt werden. Dies ist der wesentliche Vorteil einer zentralen Basis. Auch alle Angelegenheiten nach außen sollten von hier aus getätigt werden. Das sind zum Beispiel alle Ämterbelange, Nachorderungen von Personal und Material sowie Improvisationsgüter. Natürlich bildet die Basis auch das Informationszentrum der Gesamtveranstaltung, das durch ein fähiges Funksystem (Bündelfunk) und Telefonverbindungen gestützt wird. Bei diesem Informationszentrum können Veranstalter, Presseverantwortliche und Behörden jederzeit die aktuelle Gesamtsituation abgreifen. Man sollte neben einem zentralen Funksystem, auf das lediglich zentrales Personal und die lokalen Produktionsleiter Zugriff haben, jedem Spielort noch ein lokales Funksystem zur Seite stellen, um einen lokalen Informationsaustausch zu gewährleisten.

zentrale Bereichsleiter In der Basis, dem zentralen Produktionshauptquartier der Gesamtveranstaltung, bietet es sich an, neben dem Produktionsteam (die Produktionsleiter und deren Assistenten) auch zentrale Bereichsleiter einzusetzen, die dann zum Beispiel für alle Hands, für die Security oder alle Absperrmaterialen verantwortlich sind und ihre Ressourcen in Absprache mit den Produktionsleitern verteilen. Bei den zentralen Bereichsleitern kann man sehr gut alle für den Bereich spezifischen Informationen abrufen. In der Basis lässt sich ebenfalls gut und schnell zwischen den Bereichsleitern vermitteln (beispielsweise zwischen dem Bereich Fuhrpark und dem Bereich Absperrmaterial für den Transport von Zäunen). Praktischerweise können die spezifischen Subfirmen gleich die Bereichsleiter stellen, wenn diese einen Großteil des Bereichs ausfüllen, etwa ein alleiniger Veranstaltungstechnikverleiher den Bereichsleiter Technik.

Die Basis ist auch eine gute Anlaufstelle für Künstler und die Presse, die dort von Presseverantwortlichen beziehungsweise Künstlerbetreuern betreut werden. Ein geeigneter Ort für eine zentrale Basis sollte ein Gebäude sein, das über ausreichend Räume und Infrastruktur wie Telefonanschlüsse, Anfahrtsmöglichkeiten, Parkplätze, ein starkes Funknetz, gastronomische Versorgung usw. verfügt. Ein Hotel, das nicht allzu weit von den Veranstaltungsorten entfernt ist oder sich im gemittelten Besucherkonzentrationsschwerpunkt befindet und über ausreichend Konferenzräume verfügt, bietet eine gängige Lösung. Einen Konferenzraum mit mehreren Telefonanschlüssen benötigt die Produktion (im Vorfeld ist die Anzahl zu ermitteln). Weitere Räume werden von der Presse- und Künstlerbetreuung sowie dem Veranstalter gebraucht. Praktischerweise sollten auch Zimmer für das Personal der Basis gebucht werden, um ein Maximum an Verfügbarkeit zu gewährleisten. Ohne Frage muss die Basis zumindest produktionsseitig rund um die Uhr besetzt sein, hier bietet sich ein Schichtsystem an.

die Basis

Beim zentralen Produktionsleiter sollten alle Pläne und Listen der einzelnen Veranstaltungsorte vorliegen und auch regelmäßig mit den lokalen Produktionsleitern abgeglichen werden. Selten durchführbar, aber sehr hilfreich, sind tägliche Sitzungen aller Produktionsleiter.

Darüber hinaus muss ein Straßenplan mit allen Produktionsorten und mit gekennzeichneten Straßenverbindungen zwischen den Spielstätten und der Basis im zentralen Produktionsbüro hängen. Auch Ausweich- und Schleichwege sollten markiert werden. Nützlich ist es, alle Strecken mit Länge und voraussichtlicher Fahrzeit zu kennzeichnen.

Verbindungen

2.5. Wahl des Veranstaltungsorts

Was alles bei der Wahl eines passenden Veranstaltungsortes bedacht werden muss, ist hier zu finden. Auch die Bemessung der Maximalkapazität der Location wird vorgestellt.

Die Wahl der Location ist neben der Entscheidung über das Budget von größter Bedeutung. Zunächst sollte klar sein, wie viele Veranstaltungsorte benötigt werden. Dies ist in den meisten Fällen ein einziges Gebäude oder eine überschaubare Fläche. Eine hohe Anzahl

Kriterien für die Wahl einer Location

All Area Access

von Spielstätten (Floors) schränkt die Möglichkeiten, eine passende Location zu finden, ein. Das Summieren der gewünschten Floors mit der jeweiligen Fläche sollte eventuell auch an die vorhandene Location-Fläche angepasst werden, um einen größeren Pool von Veranstaltungsorten zu erhalten. Die äußeren Faktoren sind zuerst zu begutachten. Dazu zählen die demografische und politische Lage, das Einzugsgebiet bei regionalen Veranstaltungen, die Anwohnersituation, die Entfernung zu wichtigen Straßen, Bahnhöfen, Baumärkten, Versorgungsbetrieben, Polizei- und Rettungsstellen. Auch die zuständigen Ämter und Behörden des Veranstaltungsortes sollten berücksichtigt werden. Man sollte als erstes mit dem Betreiber oder Besitzer über das Vorhaben reden, vielleicht kann er veranstaltungsrelevante Daten und Informationen über das Objekt geben beziehungsweise über Erfahrungen mit Projekten dieser Art in seinen Räumlichkeiten berichten.

Die Grundfläche der Location entscheidet über die Maximalkapazität der Besucher. Bei unbestuhlten Veranstaltungen kann man eine Dichte von zwei bis vier Gästen pro Quadratmeter erzielen. So passen beispielsweise in eine Halle mit einer Veranstaltungsfläche von 1.000 m^2 maximal etwa 3.000 Besucher. Die Personendichte richtet sich nach dem Veranstaltungstypus. Bei Techno-Veranstaltungen ist sie höher als bei bestuhlten Klassikkonzerten. Will man die Veranstaltungsfläche ermitteln, nimmt man die Gesamtfläche und zieht Bauten sowie nicht öffentlich zugängliche Bereiche ab.

Berechnung der Flächenaufteilung und der maximalen Besucherzahl

Veranstaltungsfläche = Gesamtfläche – Bauten – gesperrte Bereiche

Maximalkapazität = Personendichte x Veranstaltungsfläche
= Personendichte x Gesamtfläche – Bauten – gesperrte Bereiche

Grundrisse

Man sollte zur Berechnung der Flächen einen Grundriss heranziehen und bei fraglichen Einzelheiten lieber am Objekt mit einem Maßband oder Zollstock nachmessen. Ein Grundriss ist für viele Planungen (Bühnen, Security usw.) wichtig. Wenn kein Plan vorhanden und auch keiner zu organisieren ist, sollte selbst einer angelegt werden (siehe 2.12. – Planungshilfen). Im Grundriss besonders zu vermerken sind Zugänge, Stufen, Rampen, Toiletten, Treppenhäuser und Brandschutzelemente wie Feuerlöscher, Rettungswegschilder und Wandhydranten.

2. Grundlagen

Ein weiterer Punkt sind die vorhandenen Medienanschlüsse (Wasser, Strom, Telefon) und ihre Lage im Grundriss. Alles, was benötigt wird und nicht vorhanden ist, muss mühsam und teuer organisiert werden (siehe 3.5. Hardware). Die Ausgangssituation der Anschlüsse ist beim Besitzer beziehungsweise Betreiber zu erfragen. Oft können Hausmeister am meisten über ihr Objekt erzählen. Informationen über alte stillgelegte Anschlüsse sind auch sehr hilfreich, da sich diese eventuell wieder aktivieren lassen. Auch Daten über Strom- und Wasseranschlüsse in der näheren Umgebung sowie der Ort der nächsten Telefonverteilung sind elementar. Wenn man auf einem Gelände Zelte oder große Bühnen aufstellen lässt, kommt es oft vor, dass man Erdnägel in den Boden schießen muss. Da diese meist etwa einen Meter in den Boden dringen, muss man sich einen Bestandsplan der Gas-, Wasser- und Stromleitungen besorgen und aufpassen, dass nichts davon einen geplanten Erdnagel kreuzt. Im Falle einer Havarie ist meist nicht nur der Veranstaltungsort verloren, es wird auch richtig teuer.

Medienanschlüsse

Um Wasseranschlüsse schneller zu finden, können Hydrantenschilder genutzt werden. Diese in Blickhöhe angebrachten Plastikschilder findet man an Hauswänden oder separaten Pfählen. Sie erlauben eine dezimetergenaue Ortung von Wasseranschlüssen. Die Zahl unterhalb des T ist die Meterangabe nach vorn, die Zahl neben dem T gibt die Entfernung nach rechts beziehungsweise links vom Schild an. Der Buchstabe (S, H) und der dazugehörige Wert geben den Typ des Anschlusses wieder.

Hydranten

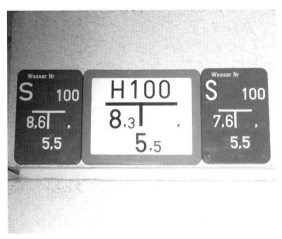

Hydrantenschilder erlauben eine dezimetergenaue Ortung von Wasseranschlüssen

25

All Area Access

Deckenpläne   Oft sind auch Deckenbelastungs- und Rigging-Punktpläne wichtig, um zum Beispiel bei der Truss-Planung eine Basis zu haben oder dann, wenn ein Objekt befahren werden muss.

Mietpreise   Aus diesen Daten kann man schon einige Aussagen über die Durchführbarkeit und die Kosten von Projekten treffen. Auch der Mietpreis ist hierfür relevant. Dieser hängt vom Zustand (Toiletten, Schallisolation usw.) des Objekts, seiner Lage, seinen Medienanschlüssen (Betriebskosten), der Nutzungsdauer inklusive Ab- und Abbauzeit, dem Genehmigungsstand (siehe 2.6. – Behörden und Ämter) und von der regulären Nutzung der Location ab. Die Preise liegen zwischen wenigen hundert Euro für kleine Clubs und vielen tausend Euro für große Messehallen mit allen Medienanschlüssen.

Locationdatenbank   Wenn man länger in der Branche arbeitet und mit verschiedenen Objekten zu tun hat, empfiehlt es sich, eine Datenbank mit allen Informationen anzulegen und sich damit bei neuen Projekten in bekannten Locations viel Arbeit zu sparen.

Bei der Grundaufteilung der Flächen und Räume sollte man Elemente wie einen ausreichend dimensionierten Backstage nicht vergessen. Im Wesentlichen werden über die Künstlerverträge die Bedürfnisse der Backstage-Räumlichkeiten geregelt. Eine enge Zusammenarbeit mit dem Booking und der Künstlerbetreuung ist hierbei sehr wichtig, um frühzeitig eine Fehlplanung zu verhindern. Prinzipiell sollte, neben mehreren kleineren Räumen für einzelne Künstlergruppen, ein größerer Sammel-Backstage vorhanden sein. Dort kann optimal kaltes und warmes Künstler-Catering angeboten werden. Wichtig ist eine dynamische Versorgung mit Getränken aller Art, um eine harmonische Stimmung zu erhalten. Ausreichende Sitzgelegenheiten, Tische und Spiegel sind in allen Backstage-Räumen selbstverständlich. Eine Dekoration sorgt neben der geschickten Wahl des Backstage (wenn möglich mit Fenstern) für eine gemütliche Atmosphäre. Die Künstler werden es mit besserer Laune auf der Bühne danken, wenn sie mit ihrem Umkleideraum zufrieden sind. Die einzelnen, separaten Backstage-Räume sollten über etwa 15 m^2 Grundfläche verfügen und mit Stühlen, Tischen, Umkleidemöglichkeiten und eventuell mit Unterhaltungselektronik ausgestattet sein. Gelegenheiten zum Duschen sollten so nah wie nur möglich am Backstage liegen, um den Künstlern lange Wege zu ersparen. Bei kalten Temperaturen sollte man an Heizmöglichkeiten denken, auch im Duschbereich. Beschilderungen helfen, größt-

2. Grundlagen

mögliche Übersichtlichkeit zu schaffen. Elementar ist eine fanfreie, kurze Verbindung vom Backstage zur Bühne. Kompliziert wird dies, wenn mehrere Bühnen bespielt werden.

Wichtig ist auch ein Personal-Backstage, in dem die Crew, getrennt von den Künstlern, sich aufhalten und stärken kann. Es sollten weiterhin, je nach Bedarf und Menge, verschiedene Lagerstätten (Materiallager) geplant werden. Alle Materiallager sollten abschließbar und nach Möglichkeit mit schwereren Fahrzeugen zugänglich sein. Am optimalsten ist eine Variante, bei der ein Transporter an einer Außenseite (mit einer Laderampe) sein Gut direkt in das Materiallager befördern kann und ein Zugang vom Lager unmittelbar zur Veranstaltungsfläche existiert. Wichtig ist natürlich auch ein Produktionsbüro mit Telefonanschluss (siehe 2.13. – Produktionsbüro). Fehlende Räume können leicht durch anmietbare mobile Raum-Container (siehe 3.5. Hardware – Container) kompensiert werden.

Backstage und Materiallager

In der kalten Jahreszeit kommt das Problem der Heiztechnik (siehe 3.7. Heiztechnik) als sehr großer Kostenfaktor hinzu. Hier sollte man bei der Wahl der Location auf bereits bestehende Heizungseinrichtungen achten.

Heizung

Für die Gastronomie ist eine vorhandene, aktive Küche von großem Wert. Wenn diese nahe dem Backstage-Bereich liegt, sollte man auch hier das Künstler- und Personal-Catering zubereiten. Allerdings sind selten solche Küchen für einen Mieter zugänglich. Andere gastronomische Einrichtungen wie Bars und Kühlräume bilden eine Alternative.

Catering-Bereich

Der Veranstaltungsort sollte auf seine Schallverhältnisse untersucht werden. In erster Linie, um diese auf den zu bespielenden Flächen zu optimieren und um die Anwohner zu schonen. Wenn zuviel Lärm nach außen dringt, sollten Fenster und Türen mit schwerem Stoff oder Molton gedämmt werden. Den Schall darf man nie auf die leichte Schulter nehmen, da die Genehmigung der Veranstaltung davon abhängt und bei Nichteinhaltung der Schallgrenzwerte Ordnungsstrafen drohen. (siehe 2.8. – Brand- und Lärmschutz)

Schallverhältnisse

In seltenen Fällen findet in direkter Umgebung auch eine Fremdveranstaltung statt. Wenn so etwas vorkommt, sollte man herausbekommen (zum Beispiel über das Ordnungsamt), wer veranstaltet und was geplant ist. Bei einem gemeinsamen Treffen muss über

benachbarte Fremdveranstaltungen

Störfaktoren, ihre Beseitigung und über eine eventuelle Zusammenarbeit geredet werden. Man könnte zum Beispiel gemeinsam einen Parkplatz betreiben, Werbung machen, die Locations ausschildern, sich die Fuhrparkkapazitäten teilen und sich vielleicht sogar in Notfällen mit freien Material- und Personalkapazitäten helfen. Auf jeden Fall kann man sich über die lokale Ämtersituation beraten und generell Erfahrungen austauschen.

2.6. Behörden und Ämter

Welche Behörden und welche Richtlinien oder Gesetze für eine Veranstaltung von Bedeutung sind und was eine allgemeine Veranstaltungserlaubnis ist, wird in diesem Abschnitt geklärt.

Legitimationen zur Antragstellung

In dem Vertrag zwischen Produktionsleiter und Veranstalter muss unter anderem auch der Punkt der Amtsanträge geregelt werden. Meist wird der Produktionsleiter den Behörden gegenüber als Vertreter des Veranstalters bestimmt. Er benötigt natürlich eine Legitimation des Veranstalters, um überhaupt agieren zu können; dies kann schon der Produktionsleiter-Vertrag sein. Der Antragsteller ist immer der Veranstalter, auch wenn der Produktionsleiter die Anträge ausarbeitet und einreicht. Selbstverständlich ist jeder Schritt mit dem Veranstalter abzustimmen; alle Anträge müssen ihm vor dem Einreichen vorgelegt werden.

allgemeine Veranstaltungserlaubnis

Ämter und Behörden zählen selten zu den Lieblingsthemen von Veranstaltern. Dennoch ist es immer wieder erforderlich, sie zu konsultieren. Man benötigt auf jeden Fall eine allgemeine Veranstaltungserlaubnis, sonst droht auch bei kleinen, öffentlichen Veranstaltungen die Gefahr einer Räumung durch die Polizei. Die Erlaubnis kann ohne viele Umstände bei dem regional zuständigen Ordnungsamt beantragt werden, und in aller Regel wird sie auch problemlos ausgestellt, es sei denn, man gefährdet die öffentliche Sicherheit oder plant verfassungsfeindliche Aktionen; dann erhält man sie nicht. Ähnlich ist es, wenn man eine Demonstration anmeldet, um die amtlichen Auflagen gegenüber dem Veranstalter wie Zeitgrenzen oder maximale Besucherzahlen eventuell zu minimieren.

Polizei

Bekommt man eine Veranstaltungserlaubnis, sind meist schon Polizei und Feuerwehr durch das Ordnungsamt über das Vorhaben informiert. Wenn nicht, muss man sie selbst informieren. Weiß die Po-

2. Grundlagen

lizei nichts von der Veranstaltung, kann es zu peinlichen Vorfällen vor Ort kommen, wenn eine Streife in der Nähe der Location vorbeikommt. Hat man hingegen im Vorfeld alles korrekt beantragt und sich bestätigen lassen, erhöht die Anwesenheit von Polizei auf dem Veranstaltungsgelände die Sicherheit. Wenn Polizei und Feuerwehr schriftlich informiert wurden, können sie schnell und vorbereitet möglichen Krisensituationen während der Veranstaltung begegnen.

Egal welche Behörden man informiert, es müssen zumindest der Name, das Datum, der Ort der Veranstaltung, der Veranstalter mit Adresse und die erwartete Besucherzahl angegeben werden. *Grundangaben*

Aufgrund des in Deutschland herrschenden föderalen Systems sind die meisten Behörden, die für eine Veranstaltung relevant sind, länderspezifisch. Dabei unterscheiden sich fast alle wichtigen Vorschriften und Richtlinien kommunal oder regional. Es ist daher immer notwendig, sich in der Region der Veranstaltung neu zu informieren und lokale Vorschriften zu studieren. *regionale Unterschiede*

Allen Behörden sollte man offen und ehrlich gegenübertreten und Probleme oder Unklarheiten möglichst früh auf den Tisch bringen. Der Informationsaustausch mit allen notwendigen Ämtern ist in beide Richtungen frühzeitig zu ermöglichen und ständig zu fördern.

Da sich die Arbeitszeiten von Beamten (an Wochentagen, am Vormittag) und Produktionsleitern (am Wochenende/an Feiertagen, am Nachmittag/in der Nacht) meist nicht decken, sollte man sich eine Liste mit Öffnungszeiten machen, um auch jemanden zu erreichen. *Erreichbarkeit, Informationsfluss*

Einige naive Veranstalter denken, dass sich mit Geld alles kaufen lässt. Doch kann man von Bestechungsversuchen nur stark abraten. Kein Beamter riskiert seinen Arbeitsplatz und seine Rente für ein paar Scheine. Außerdem drohen empfindliche Strafen für beide Seiten. *Bestechung*

All Area Access

Folgende Behörden und Ämter sollten bei einem Produktionsdetail (Teil der Planung oder spezielle Aktion), das in deren Zuständigkeit fällt, kontaktiert werden:

Behörden und Ämter

Amt oder Behörde	Zuständigkeit
Ordnungsamt	erste Anlaufstelle, allgemeine Gestattungen, Besucherzahlenbegrenzung, Sicherheitsauflagen, Gesamtkonzeptprüfung, Antragsannahme, Stellflächen, Toilettenanzahl
Bauordnungsamt/ das Bauaufsichtsamt	Bühnen, Zelte, fliegende und übrige Bauten, Abnahmen vor Ort, Antragsannahme, Sicherheitsauflagen
Brandschutzamt	Brandschutz, Richtlinien, Abnahmen vor Ort
Polizei	allgemeine Ordnung, Verhinderung von Straftaten, Beweissicherung, Anzeigenannahmen, Räumungen
Feuerwehr	Brandschutz, Brandbekämpfung
Technischer Überwachungsverein (TÜV)	Abnahmen von technischen Geräten und Einrichtungen hinsichtlich der Sicherheit, Ausschluss von Verletzungsgefahren, Prüfung von Funktionalität und Qualität
Grünflächenamt/ Amt für Naturschutz	öffentliche Flächen, Naturschutz, Antragsannahme
Marktamt	öffentliche Marktflächen, Gewerbegestattungen
Sport- und Bäderamt	bei Nutzung von Sportstätten, Stadien oder Schwimmhallen
Katasteramt	Flächen- und Location-Auskünfte, Besitzerverzeichnis

2. Grundlagen

Amt oder Behörde	Zuständigkeit
Gewerbe(aufsichts)amt	Marktregelungen, Antragsannahme, Subfirmen, öffentlicher Verkauf, Marktfestsetzungen, Merchandise
Veterinäramt/ Gesundheitsamt	Nahrungs- und Getränkeverkauf
Zollamt	Material aus dem Ausland, Instrumente und Merchandise von ausländischen Bands
Bundesgrenzschutz	öffentliche Sicherheit, Räumungen
Verfassungsschutz	verfassungsgefährdende Musik, Bilder und Schriften
Verkehrsamt/Verkehrssicherungsamt	Straßensperrungen, Umleitungen, Ausschilderungen, Antragsannahmen
Luftfahrtbundesamt	temporäre Lande-/Startplätze, Flugshows, allgemeine Flugerlaubnisse
Standesamt	bei Hochzeiten im Rahmen einer Veranstaltung
Kulturamt	lokale Kulturpolitik, Zuschüsse, kulturelle Informationen und Kontakte

Um sich auf einen Amtstermin vorzubereiten, muss man die lokalen Vorschriften, Gesetze und Richtlinien zumindest überflogen und sich die wichtigsten Paragraphen und Zeilen kopiert haben. Diese Papiere und Bücher findet man in örtlichen Bibliotheken, Büchereien und immer öfter auch im Internet auf den offiziellen Seiten der Städte und Länder. Wenn man nichts findet, kann man selbstverständlich auch direkt die Behörden um Hilfe bei der Beschaffung von Richtlinien usw. bitten.

Vorschriften, Gesetze, Richtlinien

All Area Access

Existenz von Vorschriften

Es existieren nicht viele explizite Vorschriften und Richtlinien für Veranstaltungen. Gerade die lediglich kurze temporäre Eröffnung einer Spielstätte ist vom Gesetzgeber in einem dünnen Rahmen gehalten. Meist wird man gezwungen, Standards für feste Veranstaltungsorte (Toiletten, Parkflächen, Rettungswegbreiten usw.) auch bei Eintagesveranstaltungen einzuhalten. Das ist natürlich dann abgesichert („safe") und sollte deshalb jedem Produktionsleiter am Herzen liegen, kann aber auch in speziellen Fällen sinnlos ins Geld gehen. Ein gravierendes Beispiel hierfür ist die temporäre Stellung eines Zeltplatzes für ein mehrtägiges Festival mit Auflagen der Camping- und Wochenendrichtlinie (CampR, landesspezifisch) (siehe auch 6.1. – Park- und Zeltplätze für Veranstaltungen). Für Bühnen, Zelte und Reinigung existieren einschlägige und direkte Vorschriften, die natürlich genauestens eingehalten werden sollten. Immer wenn zu einem Detail der Produktion eine Richtlinie, eine Vorschrift, ein Gesetz existiert, sollte die Planung die mit einbeziehen. Bei allen anderen Details sollte man zumindest nicht allgemeine Verbote (zum Beispiel des BGB) verletzen. Hier muss man nach bestem Wissen und Gewissen und mit seiner Erfahrung vorgehen. Im Zweifelsfall sollte man lieber einmal mehr einen Juristen fragen, als nachts nicht schlafen zu können.

Folgende Schriften und Blätter werden öfter benötigt und sollten – zumindest von Kollegen, die regelmäßig produzieren – gekauft oder kopiert werden:

Verordnungen und Gesetze	Geltungsbereich und Inhalte
Bauordnung (zum Beispiel SächsBO)	landesspezifisch. Baurichtlinien und Maßvorgaben für fliegende Bauten (FlBauR), Neubauten, Abriss und Stellplätze. Definitionen und Vorgaben zu Sport- und Spielstätten und zum Brandschutz. Campingplatzrichtlinie (CampR). Richtlinie über den Bau und Betrieb von Versammlungsstätten (VerBauR), über Rettungswege, Mindestbeleuchtungen, Toiletten, Stellplätze).

2. Grundlagen

Verordnungen und Gesetze	Geltungsbereich und Inhalte
Versammlungsstättenrichtlinien (VerStR)	landesspezifisch; teilweise auch in der Bauordnung enthalten. Auflagen für Veranstaltungsorte, Personaldefinitionen, Gästebegrenzungsmaßgaben, Brandschutz, Toiletten- und Sanitärstellung, Definition und Maßvorgaben für Spielstätten und Bühnen.
Gewerbeordnung (GewO)	lokal. Richtlinien und Vorschriften zum Handel und Verkauf. Regelungen zum Verkauf auf öffentlichen Flächen.
Marktordnung	lokal. Ähnlich der Gewerbeordnung, spezifisch für Markplätze.
Gaststättengesetz (GastG)	bundesweit; Vorschriften zum Betrieb von gastronomischen Einrichtungen.
Bürgerliches Gesetzbuch (BGB)	bundesweit gültig. Regelt den allgemeinen Umgang zwischen juristischen bzw. natürlichen Personen. Haftungen, wirtschaftliche Aspekte
Unfallverhütungsvorschriften (UVV)	berufsgenossenschaftlich; Richtlinien zur Verhinderung von Unfällen, Vorschriften zur sicheren Arbeit, Schweißen, Ramm- und Stemmarbeiten, Arbeiten in Höhe und Tiefe, Arbeiten an elektrischen Anlagen, Kranbedienung usw.
Blätter des Deutschen Instituts für Normung (DIN) und des Verbandes Deutscher Elektrotechnik (VDE)	bundesweit; Normungen aller technischen und baulichen Anlagen und Geräte, Richtlinien über den Umgang mit Strom

All Area Access

Verordnungen und Gesetze	Geltungsbereich und Inhalte
Straßenverkehrs-ordnung (StVO)	bundesweit; Straßenregeln, Verkehrssicherheit, Auflagen bei Sperrungen und Umleitungen
Bundesimmissions-schutzgesetz (BImSchG)	bundesweit; Regelungen zum Schallschutz, über zulässige Lärmpegel und -zeiten
Verdingungsordnung für Leistungen (VOL)	beziehungsweise Bauleistungen (VOB) bundesweit; regelt die Vergabe und Ausschreibung von Leistungen an Subfirmen. Wenn man Leistungen ausschreibt, sollte man sich auch die HOAI (Honorarordnung für Architekten und Ingenieure) ansehen.

existierende Vorschriften   Die wichtigsten Schriften für eine Veranstaltungsproduktion sind mit Abstand die Bauordnung und die Versammlungsstättenrichtlinie. Vorsicht ist geboten bei der Gültigkeit und Aktualität der Vorschriften und Normen. Viele sind nicht immer up to date oder wurden durch neuere Blätter oder Paragraphen ersetzt.

2.7. Anträge, Formulare und Gebühren

Welche Amts- und Sonderanträge sinnvoll sind, wann und wo diese zu stellen sind und was es allgemein zu beachten gilt, ist hier nachzulesen.

der Antrag   Spätestens ab einer Größenordnung von 500 erwarteten Besuchern oder bei komplexen Veranstaltungsorten (beziehungsweise bei einem Veranstaltungsort ohne eine feste Veranstaltungserlaubnis), ist es angebracht, einen ordentlichen Antrag beim Ordnungs- und Bauordnungsamt zu stellen. Was alles in den Antrag gehört, hängt stark vom Vorhaben ab. Aber lieber etwas Überflüssiges abgeben als umfangreich nachliefern zu müssen.

2. Grundlagen

Ein Problem stellt der Zeitfaktor dar: da viele Veranstaltungen erst bei Aufbau fertig geplant sind und zahlreiche Parameter bis zum Schluss offen bleiben, ist ein spät gestellter Antrag meist aussagekräftiger und genauer. Aber die Behörden brauchen natürlich auch etwas Zeit, um den Antrag zu bearbeiten und ihn zu genehmigen beziehungsweise ihn abzulehnen und Nachforderungen zu stellen. Auch kann man in einer weit fortgeschrittenen Planungsphase kaum noch Auflagen, die massive Änderungen der Produktion mit sich bringen können, erfüllen. Es empfiehlt sich, die Behörden früh über das Vorhaben zu informieren und sich über Fristen und Bearbeitungszeiten ein Bild zu machen.

der Zeitfaktor

Nicht nur für sich selbst als Antragssteller, sondern auch für die Ämter und Behörden gelten verbindliche Fristen. Man muss nicht darauf hinweisen, dass alle chronologischen Daten und der jeweilige Status aller Anträge in eine permanent geführte Liste gehören. Spätester Abgabetermin für eine Veranstaltung bei einem gewöhnlichen Antrag ist sechs Wochen davor. Je größer das Bearbeitungsvolumen, desto eher sollte man den Antrag einreichen. Ein halbes Jahr ist dabei eine übliche Zeitspanne. Zwei Wochen vor der Veranstaltung braucht man seinen Antrag gar nicht mehr einzureichen und kann nur versuchen, seine „illegale" Produktion an den Behörden vorbei durchzuführen, wovon gerade bei größeren Veranstaltungen nachdrücklich abzuraten ist. Wenn man seinen Antrag fristgerecht einreicht, kommt innerhalb der nächsten Tage eine Bestätigung über den Eingang beim Amt. Wenn nicht gleich mit der Bestätigung, erhält man in den nächsten Wochen eine Unterlagennachforderung mit einer neuen Frist. Jetzt gilt es, in dieser Frist alle gewünschten Unterlagen abzugeben. Bei jedem Schriftwechsel mit den Ämtern ist die zugewiesene Bearbeitungsnummer mitzuführen. Nach einer erneuten Bestätigung des Eingangs der Unterlagennachforderung und wieder ein paar Wochen Geduld kommt die Gestattung/Genehmigung (meist mit Auflagen) oder eine generelle Ablehnung des Antrags und damit auch des Vorhabens. Bei einer Ablehnung hat man nur noch die Möglichkeit zu klagen oder einen neuen Antrag mit verändertem Konzept einzureichen. Ist der Bescheid positiv, werden die Einhaltung der Auflagen und alle im Antrag beschriebenen Produktionsdetails in einer späteren Abnahme vor Ort kontrolliert. Diese Ereigniskette kommt, wie so vieles in einer Veranstaltungsproduktion, aus dem Bau- beziehungsweise aus dem Baugenehmigungsgeschehen.

Fristen

All Area Access

Kommunikation

Für die meisten, insbesondere ländliche, Behörden ist eine Veranstaltungsgenehmigung ebenso exotisch wie für die meisten kleinen Veranstalter ein Genehmigungsverfahren. Generell kann man aber miteinander über alles reden und sich gegenseitig Fragen über alles, was unklar ist, stellen.

Wie sollte nun der Antrag selbst aussehen? Ziel ist es, den Behörden ein möglichst umfassendes und klares Bild der Vorstellungen des Veranstalters zu vermitteln. Hierzu ist es notwendig, einen Erläuterungs- oder Baubericht zu schreiben, in dem man alles für die Veranstaltung Relevante wie Orte, Zeiten, erwartete Besucher, Personalaufgebot, geplante Materialen usw. grob umreißt und beschreibt. Außerdem sollten die Adresse, eine eventuelle Handelsregisternummer des Veranstalters und eine Liste der Verantwortlichen mit Telefonnummer enthalten sein. Oft sind Formblätter für einen Bauantrag vorhanden, denen man alles andere hinzufügt. Das folgende Beispiel ist aus der bayerischen Bauordnung:

Bauantrag-Formblatt (bayerische Bauordnung) >

2. Grundlagen

Anlage 1

1.	Über die Gemeinde	Nr. im Bau-/Abgrabungsantragsverzeichnis der Gemeinde	Nr. im Bau-/Abgrabungsantragsverzeichnis des Landratsamts
	An (untere Bauaufsichts-/Abgrabungsbehörde)	Eingangsstempel der Gemeinde	Eingangsstempel des Landratsamts

☐ Erstschrift ☐ Zweitschrift ☐ Drittschrift

Antrag auf

☐ **Baugenehmigung**

☐ **Vorbescheid**

☐ **Vorlage im Genehmigungs-freistellungsverfahren**
Weiterbehandlung als Antrag auf Baugenehmigung, wenn die Gemeinde erklärt, dass das Genehmigungsverfahren durchgeführt werden soll.
☐ ja ☐ nein

Antrag auf

☐ **Abgrabungsgenehmigung**

☐ **Vorbescheid**
(nach Art. 9 Abs. 1 Satz 4 BayAbgrG)

☐ **Vorlage im Genehmigungs-freistellungsverfahren**
(nach Art. 6 Abs. 2 Satz 1 Nr. 3 BayAbgrG)

Das Vorhaben ist ein

☐ **Vorhaben geringer Schwierigkeit**
(Art. 2 Abs. 4 Satz 1 BayBO)

☐ **Sonderbau**
(Art. 2 Abs. 4 Satz 2 BayBO)

☐ **Vorhaben mittlerer Schwierigkeit**
(Art. 2 Abs. 4 Satz 3 BayBO)

2. Antragsteller / Bauherr

Name	Vorname	Telefon (mit Vorwahl)
Straße, Hausnummer	PLZ, Ort	
Vertreter des Bauherrn/Antragstellers: Name	Vorname	Telefon (mit Vorwahl)
Straße, Hausnummer	PLZ, Ort	

3. Vorhaben

Genaue Bezeichnung des Vorhabens

Vorbescheid ☐ beantragt ☐ erteilt ☐ abgelehnt

Bei Vorlage im Genehmigungsfreistellungsverfahren

☐ Das Vorhaben liegt im Geltungsbereich eines Bebauungsplans i. S. v. § 12 / § 30 Abs. 1 BauGB

Nr.	Bezeichnung

37

4. Baugrundstück

Gemarkung	Flur-Nr.
Gemeinde	Straße, Hausnummer
Verwaltungsgemeinschaft	Gemeindeteil

Dienstbarkeiten auf dem Baugrundstück wegen Übernahme von ☐ Abstandsflächen
☐ Geh- und Fahrrechten ☐ Überbauungsrechten ☐ anderen Rechten: _____

Abstandsflächenübernahmeerklärung

☐ Auf das Grundstück wurden Abstandsflächen übernommen aufgrund einer Erklärung im Sinn von Art. 7 Abs. 5 BayBO

Flur-Nr. und Gemarkung des herrschenden Grundstücks / Bezeichnung des Begünstigten

5. Beteiligte Nachbarn
– Bitte jeweils angeben: Flur-Nr., Gemarkung, Name, Vorname, Straße, Haus-Nr., PLZ, Ort, Telefon (mit Vorwahl) –
(Kann bei Vorlage im Genehmigungsfreistellungsverfahren entfallen)

a)
Unterschrift wurde erteilt ☐ ja ☐ nein

b)
Unterschrift wurde erteilt ☐ ja ☐ nein

c)
Unterschrift wurde erteilt ☐ ja ☐ nein

d)
Unterschrift wurde erteilt ☐ ja ☐ nein

Antrag auf Benachrichtigung der Eigentümer benachbarter Grundstücke, deren Unterschriften fehlen, durch die Gemeinde gem. Art. 71 Abs. 1 Satz 3 BayBO
☐ ja ☐ nein

Antrag auf Absehen von der Nachbarbeteiligung bei Vorbescheidsantrag gem. Art. 75 Abs. 2 Halbsatz 2 BayBO
☐ ja ☐ nein

Antrag auf Nachbarbeteiligung durch öffentliche Bekanntmachung (nur bei baulichen Anlagen, die auf Grund ihrer Beschaffenheit oder ihres Betriebes geeignet sind, die Allgemeinheit oder die Nachbarschaft zu gefährden, zu benachteiligen oder zu belästigen – Art. 71 Abs. 4 BayBO)
☐ ja ☐ nein

6. Entwurfsverfasser

Name	Vorname	Telefon (mit Vorwahl)
Straße, Hausnummer	PLZ, Ort	

Bauvorlageberechtigung nach Art. 68 BayBO (bei Vorlage durch Unternehmen Nachweis auf gesondertem Blatt)

☐ nein ☐ ja, nach: ☐ Abs. 2 Nr. 1 ☐ Abs. 2 Nr. 2 ☐ Abs. 3
☐ Abs. 4 ☐ Abs. 5 ☐ Abs. 6 Beruf: _____

2. Grundlagen

7. Bei Antrag auf Vorbescheid: Bezeichnung der Frage(n), über die im Vorbescheid zu entscheiden ist

8. Angaben zum baulichen Arbeitsschutz

Das Vorhaben ist

☐ ein Geschäfts-, Büro- oder Verwaltungsgebäude (vgl. Art. 72 Abs. 1 Satz 3 Nr. 1 BayBO)

☐ eine sonstige bauliche Anlage mit Arbeitsstätten (vgl. Art. 72 Abs. 1 Satz 3 Nr. 2 BayBO)

☐ **ohne** dass Schutzmaßnahmen gegen Gase, Dämpfe, Nebel, Stäube, Lärm oder sonstige unzuträgliche Einwirkungen erforderlich oder zusätzliche Anforderungen an Rettungswege zu beachten sind.

☐ **mit** Schutzmaßnahmen gegen Gase, Dämpfe, Nebel, Stäube, Lärm oder sonstige unzuträgliche Einwirkungen oder zusätzliche Anforderungen an Rettungswege.

9. Vollmacht

Mit nachstehender Unterschrift bevollmächtigt der Bauherr/Antragsteller den Entwurfsverfasser, Verhandlungen mit der Baugenehmigungsbehörde im Zusammenhang mit diesem Antrag zu führen und Schriftverkehr mit Ausnahme von Bescheiden und Verfügungen bis zur Antragsverbescheidung in Empfang zu nehmen.   ☐ ja   ☐ nein

10. Datenschutzrechtliche Hinweise

Die Angaben in dem Antrag und in den nach der Verordnung über die Bauvorlagen im bau- und abgrabungsaufsichtlichen Verfahren beizufügenden Unterlagen werden für das Genehmigungsfreistellungsverfahren bzw. für die Prüfung des Antrags benötigt. Ohne diese Angaben ist eine Bearbeitung des Antrags nicht möglich.

Ort und Straße der Baustelle, Art und Größe des Bauvorhabens, Namen und Anschrift des Bauherrn/Antragstellers und des Entwurfsverfassers können im Amtsblatt veröffentlicht oder an einen sogenannten Bautennachweis zur kostenlosen Veröffentlichung mitgeteilt werden, wenn der Bauherr/Antragsteller und der Entwurfsverfasser der Veröffentlichung der sie betreffenden Daten nicht widersprochen haben.

☐ Widerspruch des Bauherrn/Antragstellers   ☐ Widerspruch des Entwurfsverfassers

11. Anlagen

☐ Amtlicher Lageplan

☐ Bauzeichnungen   Anzahl

☐ Baubeschreibung

☐ Techn. Nachweise   Anzahl

☐ statistischer Erhebungsbogen

☐ GFZ- / GRZ- / BMZ-Berechnung

☐ UVP-Unterlagen

☐ sonstige Anlagen   Anzahl

Bezeichnung der sonstigen Anlagen

12. Unterschriften

Ort, Datum	Unterschrift Entwurfsverfasser	Unterschrift Bauherr

Anlagen Im Erläuterungsbericht verweist man an allen Stellen, bei denen man genauere oder grafische Beschreibungen benötigt, auf Anlagen. Eine wichtige Anlage ist der Lageplan, auf dem grafisch die Veranstaltung skizziert wird (siehe auch 2.12. – Planungshilfen). Auf ihn gehören neben den Umrissen der Location, den Bühnen, Toiletten, Absperrungen, Stellflächen usw. auch die Besitzer der Gebäude und Flächen sowie die Flurnummern. Wenn vorhanden, muss auch ein Rigging-Plan mitgeschickt werden (siehe 3.1. – Bühnentechnik). Wenn etwas nicht klar dargestellt ist, sollten Detailpläne (zum Beispiel Bühne oder Einlass) angefertigt werden. Alle Pläne müssen maßstabsgetreu, mit einer Legende versehen und eindeutig gekennzeichnet sein. Wichtige Antragsbeilagen sind außerdem der Nachweis über eine Veranstalterhaftpflicht, ein Brandschutzkonzept mit Rettungswegeplan, ein Zeitplan und Kopien von anderen, in der Sache bereits gestellten Anträgen. Als Anhänge müssen außerdem Berechnungen über die maximal zulässige Besucherzahl, Absperrungen, Parkplatz- und Toilettenbedarf, Schallbegrenzungen usw. eingereicht werden. Weitere Anlagen sind, wenn vorhanden oder notwendig, Kopien der (Angebots-)Bestätigungen von Rettungssanitätern, Feuerwehr, Brandschutztechnik und Security, ein Spielplan, eine Bandauflistung mit Kontakten, eine Subunternehmerliste, ein Sicherheits-, ein Personal- und ein Reinigungskonzept, eventuell vorliegende Gutachten, Werbung und natürlich alle Sonderanträge. Unbedingt sollte der Eigentümer der Location nach bereits bestehenden Genehmigungen gefragt werden. Womöglich existieren Nutzungserlaubnisse als Spielstätte oder Versammlungsort, Brandschutzabnahmeprotokolle, Schallschutzgutachten oder sonstige Gestattungen und Gutachten.

Form Wenn man sehr viele Anlagen zusammenstellt, hilft es, mit Formblättern und einem Inhaltsverzeichnis zu arbeiten. In ein Anschreiben gehören neben Gruß- und Dankesformel auch Rückrufnummern, Faxnummer, Adresse und Terminvorschläge für Abstimmungen, Treffen und Abnahmen. Wenn ein DIN-A4-Umschlag nicht mehr ausreicht, um den Antrag zum Amt zu bringen, kann ruhig ein gut beschrifteter Ordner gefüllt werden. Vor dem Absenden sollte man sich beim Amt erkundigen, in wie vielen Ausfertigungen man seinen Antrag abgeben soll. Erfahrungsgemäß sind es zwischen drei und fünf identische Kopien, die verlangt werden.

Gebühren Amtsanträge sind meist gebührenpflichtig und werden nach einer Rechnungslegung von den einzelnen Ämtern in Rechnung gestellt.

2. Grundlagen

Der Veranstalter hat dies mit einzukalkulieren und unverzüglich zu begleichen. Die Höhe der Gebühren unterscheidet sich regional stark und bewegt sich im dreistelligen Eurobereich.

Sonderanträge sollten bei folgenden Gegebenheiten bei dem jeweiligen Amt gestellt werden:

Sonderanträge

Sonderanträge ...	... und wo man sie stellen muss
Fliegende Bauten/ Zelte/Bühnen	Bauordnungsamt
Überschreitung der Schallgrenzwerte oder der zulässigen Lärm-/Spielzeiten	Ordnungsamt
Marktfestsetzung für Veranstaltungsmärkte/ Gastronomie/Merchandise	Marktamt, Gewerbeamt
Abbrennen von Pyrotechnik	Ordnungsamt, Brandschutzamt
Straßensperrungen/ Verkehrsumleitungen	Ordnungsamt, Verkehrsamt, Straßenverkehrsbehörde
Ausschilderungen an Straßen	Ordnungsamt, Verkehrsamt
Errichtung temporärer Lande- und Startplätze	Luftfahrtbundesamt
Einfuhr von Material aus dem Ausland	Zollamt
Deaktivierung von vorhandenen Brandmeldeanlagen	Brandschutzamt, Feuerwehr
Leitungs- und Kabelverlegung im Boden/Erdverlegung	Tiefbauamt
Nutzung von öffentlichen Flächen	Ordnungsamt, Grünflächenamt

Sonderanträge ...	... und wo man sie stellen muss
Nutzung von vorhandenen Trafostationen	lokaler Energieanbieter, Energieversorgungsunternehmen
Verwendung von Skybeamern	Ordnungsamt, Luftfahrtbundesamt
Nutzung vorhandener Hydranten zur Wasserversorgung	lokales Wasserversorgungsunternehmen/ -verband, Brandschutzamt
Errichtung von Park- und Zeltflächen	Ordnungsamt, Bauordnungsamt, eventuell Grünflächenamt
Errichtung von Sportflächen	Ordnungsamt, Bauordnungsamt
Baumfällungen/Maat/Veränderung von Bepflanzungen	Grünflächenamt
Veränderung an der Bausubstanz von Gebäuden	Bauordnungsamt, Denkmalschutzamt

Wenn man genau weiß, dass bestimmte Details einer Planung nicht den Vorschriften entsprechen (zum Beispiel ein Überschreiten gesetzlicher Ruhezeiten), sollte man eine Ausnahme- beziehungsweise Sondererlaubnis beantragen.

Fliegende Bauten, Bühnen- und Zeltstellungen, öffentliche Gebäude und Flächen, Campingplätze und Stellflächen müssen zur Nutzung prinzipiell gesondert beantragt werden. Für fliegende Bauten (dazu gehören auch Zelte und Bühnen) existieren meist fertige Formulare, die lediglich auszufüllen sind.

fliegende Bauten Das folgende Beispiel ist ein allgemeines Formblatt für die Anzeige von fliegenden Bauten:

2. Grundlagen

Fax - Nachricht an:
(Der Zeitraum zwischen Anzeige und Beginn der Aufstellung soll mindestens drei Tage betragen)

An die Bauaufsichtsbehörde

Anzeige zur Aufstellung Fliegender Bauten

Hiermit zeige ich an, dass ich vom _____ bis _____ (Nutzungsdauer)

_____
(Art der Anlage)

_____
(Standort – vollständige Adresse)

aufzustellen beabsichtige. Die Anlage kann am _____ abgenommen werden.
(Datum u. Uhrzeit)

Antragsteller: _____ Tel.Nr.:_____
(vollständige Adresse)   (für Rückfragen/Terminabstimmung
                                            bitte angeben)

_____

_____

_____

Aufsteller / Inhaber der
Ausführungsgenehmigung:_____ Tel.Nr.:_____
(falls abweichend v. Antragsteller)   (für Rückfragen/Terminabstimmung
                                            bitte angeben)

_____

_____

_____

Die Anlage ist mit Ausführungsgenehmigung zum Prüfbuch Nr._____ vom_____

Az.:_____ genehmigt. Das Prüfbuch ist beigefügt / wird zur Gebrauchsabnahme vorgelegt.*

_____,den_____

_____
(Unterschrift des Antragstellers)

*bitte Nichtzutreffendes streichen

Anzeige zur Aufstellung fliegender Bauten (Bauordnungsamt Leipzig)

Straßen Eine besondere Stellung nehmen Straßen auf dem Veranstaltungsgelände ein, die regulär nicht öffentlich sind. Diese und auch temporäre Baustraßen fallen unter die Verkehrshoheit des Veranstalters. Hier sollte prinzipiell die StVO gelten. Das kann simpel mit Schildern gekennzeichnet werden. Es sollten weiterhin schriftlich explizite Regeln für alle Baustraßen erhoben und ausgehängt werden. Baustraßen sind für jeden öffentlichen Verkehr zu sperren. Baufahrzeuge und der gesamte Fuhrpark müssen mit speziellen Einfahrtsscheinen gekennzeichnet werden. Bei all diesen Punkten ist auf Versicherungsschutz und Haftungen zu achten. Für Straßensperrungen oder Umleitungen im öffentlichen Verkehrsraum ist das Ordnungs- beziehungsweise das Verkehrsamt zu konsultieren und die entsprechenden Anträge auszufüllen. Dazu existieren meist Formulare, zu denen eine Beschreibung der Verkehrsmaßnahme, deren genaue Zeiten und ein Lageplan der betroffenen Straßen gehören. Es empfiehlt sich, mit einer Verkehrssicherungsfirma zusammenzuarbeiten.

Das nächste Formular ist ein Beispiel für einen Antrag auf Anordnung verkehrsregelnder Maßnahmen nach § 45 StVO.

Antrag auf Anordnung
verkehrsregelnder Maßnahmen >

2. Grundlagen

Antragsteller: Stempel, Name, Vorname, Firmenbezeichnung, Firmensitz	Ort, Datum
	Tel.-Nr. des Antragstellers

An

– Straßenverkehrsbehörde –

Antrag
auf Anordnung verkehrsregelnder Maßnahmen nach § 45 StVO

Verantwortlicher Bauleiter	Telefon

Ich/Wir beantragen:
- ☐ gemäß dem auf der Rückseite abgebildeten Lage- und Verkehrszeichenplan
  Der Plan soll enthalten
  a) den Straßenabschnitt
  b) die im Zuge des Abschnitts bereits stehenden Verkehrsschilder, Verkehrseinrichtungen und Anlagen
  c) die Art und das Ausmaß der Arbeitsstelle
  d) die für die Kennzeichnung der Arbeitsstelle und für die Verkehrsführung notwendigen Verkehrszeichen und Verkehrseinrichtungen
  e) Angaben darüber, welche Beschilderung nach Arbeitsschluss, an Sonn- u. Feiertagen u. bei Nacht vorgesehen ist (bei automatisch arbeitenden Lichtzeichenanlagen auch den Phasenablauf)
- ☐ gemäß beigefügtem Regelplan ☐ innerorts ☐ außerorts
- ☐ ohne Vorlage eines Verkehrszeichenplanes
  Der Vorlage eines Verkehrszeichenplanes bedarf es nicht
  a) bei Arbeiten von kurzer Dauer und geringem Umfang der Arbeitsstelle, wenn die Arbeiten sich nur unwesentlich auf den Straßenverkehr auswirken
  b) wenn ein geeigneter Regelplan besteht
  c) wenn die zuständige Behörde selbst einen Plan aufstellt.

den Erlass einer verkehrsrechtlichen Anordnung zur Durchführung nachstehend näher bezeichneten Maßnahmen mit:

1. ☐ Verkehrsbeschränkung(en) ☐ Verkehrssicherung(en)
   ☐ halbseitige Sperrung des Verkehrs ☐ Sperrung des Fußgängerverkehrs im Gehwegbereich ☐ Sicherungsmaßnahmen entlang der Straße
   ☐ Gesamtsperrung des Verkehrs ☐ Sperrung für den Fahrradverkehr ☐ Sicherungsmaßnahmen entlang des Gehwegs
   ☐ Sperrung für Fahrzeuge über ___ t Gesamtgewicht ___ m Breite ___ m Höhe

2. Bezeichnung der Straße | Auf der/Entlang der (Bundes-/Landes-/Staats-/Kreis-/Gemeindestraße)
   Ort der Sperrung | von km – bis km | von Haus-Nr. – bis Haus-Nr.
   Dauer der Sperrung | vom – bis zur Beendigung der Bauarbeiten – am | längstens bis
   Grund der Sperrung | Art der Bauarbeiten

3. Der Verkehr wird umgeleitet | über
   Anliegerverkehr | frei bis (Ortsangabe)

4. Sondernutzung:
   Gestattungsvertrag/Nutzungsvertrag
   Sondernutzungserlaubnis des Trägers der Straßenbaulast
   - ☐ Es wird hiermit gleichzeitig beantragt, zu diesem Vorhaben bei dem zuständigen Träger der Straßenbaulast eine Erlaubnis zur Sondernutzung zu erwirken. ☐ liegt bei ☐ wird nachgereicht
   - ☐ vom _____ ☐ nicht erforderlich.
   - ☐ Eine Sondernutzungserlaubnis wurde beim zuständigen Träger der Straßenbaulast beantragt

Es wird hiermit versichert, dass der Antragsteller die Verantwortung für die ordnungsgemäße Aufstellung der Verkehrszeichen und deren Beleuchtung sowie die Aufstellung und Bedienung einer erforderlichen Signalanlage übernimmt und die dafür entstehenden Kosten trägt. Ereignen sich Verkehrsunfälle, die durch diese Maßnahmen bedingt sind und mit ihnen in ursächlichem Zusammenhang stehen, so wird die Haftpflicht gegenüber dem jeweiligen Träger der Straßenbaulast in vollem Umfang übernommen.

Unterschrift des Antragstellers

Anlagen: ☐ Verkehrszeichenplan ☐ Regelplan ☐ Planskizze für Umleitung ☐

Bitte wenden!

All Area Access

Lage- und Verkehrszeichenplan für die Arbeitsstelle

N ↑

Nicht vom Antragsteller ausfüllen

I. An die
Polizeidienststelle _____
in _____
mit der Bitte, zu dem umseitigen Antrag Stellung zu nehmen.
Verkehrszeichenplan ☐ liegt bei ☐ liegt nicht bei.
Raum für Stellungnahme (ggf. auf gesondertem Blatt!)

_____
_____
_____
_____
_____
_____

Regelplan Nr. _____ wird vorgeschlagen.
Unterschrift

I. An die
Straßenbaubehörde – Kreis-/Stadtbauamt –
in _____
mit der Bitte, zu dem umseitigen Antrag Stellung zu nehmen.
Verkehrszeichenplan ☐ liegt bei ☐ liegt nicht bei.
Raum für Stellungnahme (ggf. auf gesondertem Blatt!)

_____
_____
_____
_____
_____
_____

Regelplan Nr. _____ wird vorgeschlagen.
Unterschrift

III. a) Örtliche Verkehrsschau ☐ nicht ☐ erforderlich. Regelplan Nr. _____ wird vorgeschlagen.
   b) Straßensperrung, Kennzeichnung der Arbeitsstelle gem. § 45 Abs. 6 StVO mit den erforderlichen Auflagen angeordnet.
   c) Auf die Vorlage eines Kennzeichenplanes wird ☐ nicht ☐ verzichtet.

IV. Die Anordnung ist ☐ nicht ☐ gebührenpflichtig.

Ort, Datum _____   Unterschrift _____

2.8. Brand- und Lärmschutz

Entscheidende Punkte des Brand- und Lärmschutzes werden in diesem Abschnitt behandelt. Dabei werden insbesondere amtliche Gesichtspunkte erläutert.

Für alle amtlichen Veranstaltungsgestattungen (positiver Befund des allgemeinen Veranstaltungsantrags beim Ordnungsamt) ist der Brand- und der Lärmschutz der entscheidendste Punkt.

Die genauen Brandschutzbestimmungen (für Sonderbauten) entnimmt man den Brandschutzrichtlinien beziehungsweise der Bauordnung. Prinzipiell sind die Auflagen bei offenem Gelände nicht so hart wie bei Gebäuden. Am aufwendigsten sind Veranstaltungen in Gebäuden, die sich über mehrere Etagen erstrecken: Hier müssen mindestens zwei getrennte, beleuchtete, ausgeschilderte, gekennzeichnete und natürlich brandsichere Treppengänge nach unten existieren. Ein Anleitern der Feuerwehr an obere Etagen muss möglich sein (Stellflächen). Alle Deckenbelastungspläne sind zu prüfen, und es gilt, ein sehr ausführliches Rettungswegekonzept für alle Etagen auszuarbeiten. Eventuell ist es notwendig, an einer Außenseite eine Gerüsttreppe als zusätzlichen Rettungsweg zu improvisieren.

Brandschutz

Bei jedem Bauantrag und jeder Anmeldung einer mittleren oder großen Veranstaltung muss ein Brandschutzkonzept erstellt und eingereicht werden. Am einfachsten ist dies, wenn der Veranstaltungsort bereits über ein solches für Veranstaltungen zugeschnittenes Konzept verfügt. Gibt es für ein Gebäude gar keine Brandschutzkonzeption und haben die Behörden prinzipielle Zweifel an der Sicherheit, kann es schwierig werden: Eventuell muss die Brandsicherheit der fest verbauten Baustoffe für Wände, Decken, Böden, Fenster, Türen und Brandschutztüren nachgewiesen (alle geforderten F-Klassen müssen eingehalten werden; Feuerfestigkeitsklassen, angegeben in Minuten der Feuerfestigkeit) und die Statik im Fall eines Brandes geprüft werden. Hier hilft nur noch ein professioneller Brandschutzgutachter, der einiges kosten kann. Vorsicht, nicht jeder Gutachter wird von jedem Amt akzeptiert. Am besten konsultiert man im Vorfeld das Brandschutzamt und lässt sich von ihm eine Liste mit akzeptierten Gutachtern geben. Sehr oft ist die Situation folgende: Ein amtliches Brandschutzkonzept der

Brandschutz-konzept

All Area Access

Location ist durch den Vermieter vorhanden beziehungsweise befindet sich beim Bauordnungsamt im Archiv, allerdings nicht für den Zweck beziehungsweise den Rahmen einer Veranstaltung. Die Nutzung der baulichen Objekte ist maßgebend für die Auflagen des Brandschutzes. In diesem Fall plant man eine Reihe sicherheitssteigender Maßnahmen und reicht sie als Konzept im Rahmen eines Bau- oder Nutzungsänderungsantrags beim Bauordnungsamt ein.

Inhalte eines Brandschutzkonzepts

Folgende Punkte können und sollten, je nach Bauordnung und Veranstaltung, in das eigene, erweiterte Brandschutzkonzept hineingenommen werden:

- Aufstellung von Feuerlöschern in regelmäßigen Abständen von 20 Metern und deren Kennzeichnung durch Hinweisschilder. Feuerlöscher sollten auf jeden Fall an jedem FOH, im Produktionsbüro, an allen Ständen mit offenem Feuer oder Kochmöglichkeiten und mindestens zwei pro Bühne aufgestellt werden.

- Keine (leicht) entflammbaren Materialen/Baustoffe verwenden (Nachweis über Zertifikate (B1); Vorsicht bei Bühnenabhängungen und Dekorationen). Wenn keine Zertifizierung der eingesetzten Materialien möglich ist, kann unter Umständen eine kleine Brandprobe (Feuerzeug) bei der Abnahme vor Ort durch die Feuerwehr erfolgen. Teilweise lassen sich auch Materialien mit Chemikalien imprägnieren (Zertifikat der Chemikalie beachten).

- Prinzipiell ist die Brandlast (also die brennbaren Objekte) so gering wie möglich zu halten. Theoretisch gehören auch Fahrzeuge und Personen dazu.

- Beleuchtete oder nichtbeleuchtete Rettungswegschilder in Augenhöhe in regelmäßigen Abständen von 10 Metern aufstellen beziehungsweise an Wänden befestigen. Rettungswegeplan erstellen, auf dem alle Fluchtmöglichkeiten erkennbar sind. Wichtig sind die zulässigen Rettungsbreiten (nach SächsBO: mindestens einen Meter je 150 Personen), die auch für Türen gelten. Fluchttüren müssen immer nach außen schwenkend ausgefertigt sein. Aus diesen Werten lässt sich die maximal zulässige Besucherzahl errechnen.

- Rettungswegeplan ebenfalls in regelmäßigen Abständen aushängen und an dunklen Stellen beleuchten.

2. Grundlagen

- Ein Rauchverbot verhängen und mit Rauchverbotsschildern kennzeichnen.

- Aufstellen von brandsicheren Aschenbechern (zum Beispiel mit Sand gefüllte Metalleimer).

- Die Entlüftung klären und berechnen. Fenster können offen gelassen (dies steht im Gegensatz zum Lärmschutz) oder eine maschinelle Entlüftung aufgebaut werden (nach SächsBO).

  Berechnung der Mindestfläche von Rauchabzugsöffnungen:
  $R = 0{,}5 \cdot \sqrt{2A - 100}$ m^2; A = Grundfläche des Versammlungsraums in m^2, R = Mindestfläche des Rauchabzuges in m^2

  Berechnung des Volumenstroms bei einer maschinellen Ventilation:
  $dV/dt = 3300 \cdot \sqrt{2A - 100}$ m^3/h; A = Gesamtfläche der Vollbühne in m^2, dV/dt = Volumenstrom der Ventilationsanlage in m^3/h.

- Zusammen mit der Feuerwehr oder dem Brandschutzamt einen Hydrantenplan erstellen und prüfen.

- Bei großen Ereignissen können Baumaßnahmen gefordert werden (fester Hydrant an der Bühne, separate Rauchentlüftung an der Bühne usw.).

- Eventuell sind Brandwachen oder Feuerwehrkräfte an Bühnen und sensiblen Bereichen nötig. (Das kann teilweise sehr teuer werden, gerade wenn Feuerwehrfahrzeuge beteiligt sind.)

- Standorte der Rettungskräfte vor Ort festlegen, wenn vorhanden (bei Fahrzeugen mindestens fünf Meter Breite). Einen Anfahrtsplan zum und auf dem Veranstaltungsort für Rettungskräfte erstellen und an die Feuerwehr weitergeben.

- Den Sinn oder Unsinn von Brand-/Rauch-Meldeeinrichtungen und ihre Einbindung in Notrufanlagen prüfen.

- Eventuell mit Funk ausgestattete Security-Kräfte als lebende Brandmelder angeben.

All Area Access

- Nicht öffentliche Bereiche sind gut vor dem Publikum abzusperren. Bei Open-Air-Veranstaltungen eventuell anliegende Waldgebiete oder Wasserstellen absperren (Waldbrandstufen prüfen).

- Notbeleuchtungskonzept mit eventueller Akkueinspeisung erstellen. Auch bei Ausfall der Hauptenergiezufuhr muss ein Minimum an Licht vorhanden sein (> 1 Lux).

- Elektrifizierungsplan mit Leistungsangaben der Endverbraucher beilegen (mit eventuellem Nachweis über die Brandsicherheit der Kabel).

- Pyrotechnik (Bühnenpyrotechnik, Höhenfeuerwerke usw.) so weit wie möglich vermeiden. Den verantwortlichen Pyrotechniker konsultieren und ihn in Amtswege einbinden (Sonderanträge, Liste der Verantwortlichen).

- Offenes Feuer und Feuerstellen vermeiden beziehungsweise verbieten.

grafische Aufbreitung   Alle Punkte sollten in einem grafischen Plan (CAD) erfasst und in einem Erläuterungsbericht beschrieben werden. Für alle Schilder existieren verbindliche Vorschriften über Größe und Gestaltung (siehe Bauordnung). Bei Brandschutzfirmen können Schilder und Feuerlöscher kostengünstig geliehen werden.

Rettungswegausschilderung

2. Grundlagen

Der Lärmschutz ist ein weiterer wichtiger Punkt für alle amtlichen Veranstaltungsgestattungen. In ganz Deutschland bindend ist das Bundesimmissionsschutzgesetz (BImSchG). Um eine Belästigung der Anwohner zu vermeiden, darf einen halben Meter vor der nächsten Hauswand des nächsten bewohnten Hauses nachts ein Schallpegel von maximal 45 dB(A) nicht überschritten werden. Dabei können zulässige Immissionspegel sich regional unterscheiden. Kurzzeitige Pegelspitzen von bis zu 11 dB(A) sind teilweise zulässig.

Lärmschutz

Es ist immer von Vorteil, wenn vor der Veranstaltung alle betroffenen Anwohner mit Postwurfsendungen vor einer möglichen Schallbelästigung gewarnt wurden. Hilfreich ist auch eine Dämmung der Location. Das fängt mit dem Schließen aller Fenster an und endet mit dem Aufstellen von Lärmschutzwänden. Eine effiziente Möglichkeit, einen Veranstaltungsort zu dämmen (auch gegen Kälte von außen), besteht darin, alle Fenster und Türen mit alten Matratzen, Dämmmatten aus dem Baumarkt oder Sandsäcken zu verstärken. Man muss dabei darauf achten, genügend Umluft für Personen zu lassen. Eine Versiegelung der Fenster widerspricht in zweierlei Hinsicht dem Brandschutz: ein stark verminderter Rauchabzug und die Erhöhung der Brandlasten durch eventuell brennbare Dämmmaterialien wären die Folge.

Dämmung

Um eine Schädigung von Gästen zu verhindern, darf der Innenschallpegel der Location 110 dB(A) nicht überschreiten. Auch hier ist der Pegel regional unterschiedlich. Es gab in der Vergangenheit Events, auf denen durch eine zu hohe Lautstärke Übelkeit und Kopfschmerzen bei den Gästen ausgelöst wurden, ein DJ erlitt sogar einen Trommelfellriss. Der maximal zulässige Innenschallpegel sollte also auch im Sinne der Gesundheit der Gäste eingehalten werden.

Innenschallpegel

Bei sehr großen Hallen wünschen sich viele, insbesondere Techno- und DJ-Veranstalter, eine optische und akustische Raumtrennung, um mehrere Floors zu ermöglichen oder Backstage-Bereiche abzutrennen. Das lässt sich nicht oder doch nur sehr schwer realisieren. Am einfachsten ist eine schwere Stoff- oder Molton-Abhängung (bis zur Decke), was allerdings mehr optisch, weniger akustisch wirkt. Je dichter und schwerer das Material, desto besser dämmt es. Eine Abdichtung aller Ränder (zum Beispiel mit Gaffa) bringt eine weitere Verbesserung. Die aufwendigste, teuerste und beste Schalldämmung besteht aus einer doppelten, breiten Gerüstwand, die mit schwerem Material, etwa Sandsäcken oder feuchtem Stoff, gefüllt

Raumabtrennungen

All Area Access

ist und an beiden Seiten mit Molton dicht abgehangen wird. Einen zusätzlichen Effekt bringt eine Aufwärmung der Gerüstwand mit Heiztechnik, da ein Temperaturunterschied dämmende Eigenschaften hat; dabei muss unbedingt auf den Brandschutz geachtet werden. Ideal wäre ein Vakuum, denn dies ist ein absolut schalldichtes Medium. Jedoch lässt es sich technisch nicht umsetzen. Lediglich Spielereien mit Unterdruck sind möglich, aber absurd teuer und technisches Neuland.

Schallpegelmessungen

Jedes Ordnungsamt kann Schallpegelmessungen verlangen, um den Schutz der Anwohner zu ermöglichen. Eigene Messungen mit Amateurmessgeräten sind fast immer unzulässig. Lediglich bei einer spontanen Schallmessung bei einer Abnahme vor Ort, ist dies sinnvoll. Das Ordnungsamt besteht auf einem anerkannten Sachverständigen, einem Akustikingenieur, den man aus Listen vom Amt aussuchen kann. Die Kosten müssen selbstverständlich vom Veranstalter übernommen werden. Der Sachverständige und das Ordnungsamt einigen sich über die Schallmesspunkte, so genannte Immissionspunkte, die meist an bewohnten Häusern liegen. Mindestens ein Messpunkt befindet sich im Inneren des Veranstaltungsortes, um den Innenschallpegel zu ermitteln. Die Messung wird dann kurz vor Beginn der Veranstaltung durchgeführt. Die PA(s) werden auf einen maximal zulässigen Wert eingestellt und anschließend vom Ordnungsamt verplombt. Das entstandene Gutachten erhält der Veranstalter. Dieser ist verpflichtet, es wiederum dem Amt zu übergeben. Hat das Ordnungsamt Zweifel, was die Einhaltung der fest eingestellten Werte betrifft, kann es eine permanente Messung an allen Messpunkten über die komplette Veranstaltungszeit hin veranlassen – was richtig teuer wird. In diesem Fall werden das Messprotokoll und das Gutachten nach der Veranstaltung dem Ordnungsamt übergeben. Sollte im Protokoll eine Überschreitung der zulässigen Werte dokumentiert sein, drohen finanzielle Ordnungsstrafen.

Nachtruhezeit

Lärmschutz hängt auch von den Uhrzeiten ab. Tagsüber gibt es kaum Probleme mit Schallbelästigungen. In der Nacht (22 Uhr bis 8 Uhr) sieht das anders aus. Vom Amt bekommt man Auskünfte über den Rahmen der Nachtruhezeiten, in denen verschärfte Richtwerte gelten. Wenn anhand des Programms in der Nachtruhezeit Schall abstrahlt werden soll, kommt man nicht umhin, beim Ordnungsamt einen Sonderantrag auf eine Überschreitung der Rahmenzeiten zu stellen. Dies ist meist unkompliziert und wird in der Regel (unter Auflagen) gestattet.

2. Grundlagen

Ämterrunden

Bei größeren Vorhaben oder sehr umfangreichen Veranstaltungen, bei denen mehrere Ämter beteiligt sein müssen, lohnt es sich, klärende Ämterrunden zu organisieren. Nicht nur der Produktionsleiter interagiert mit den Ämtern, sondern auch die Ämter untereinander zu jedem einzelnen Vorhaben. Es wird also auch den öffentlichen Vertretern zusagen, sich gemeinsam an einen Tisch zu setzen. Generell sollten ein, maximal zwei Vertreter jeder Behörde (Polizei, Brandschutzamt, Ordnungsamt, Bauaufsicht, Grünflächenamt usw.), der Produktionsleiter, ein Assistent, der Veranstalter und eventuell wichtige Subunternehmer sowie Gutachter geladen werden. Als Versammlungsort bieten sich Hotels an, wenn das eigene Büro nicht groß genug ist. Wichtig sind die zentrale Lage und die allgemeine Kenntnis des Ortes durch die Beteiligten. In der Ämterrunde sollte man das Veranstaltungskonzept vorstellen und so präzise und knapp wie möglich erläutern. Alle Teilkonzepte und Maßnahmen müssen genauer beschrieben werden. Jedem Beteiligten sind umfangreiche Dokumentationen und Pläne zu übereichen. Auf alle Fragen sollte gewissenhaft und genau geantwortet werden. Es hat sich bewährt, mit direkten Fragen an einzelne Vertreter eine Diskussion über das Projekt anzuregen. Aufkommende Probleme sollte man versuchen, sofort zu klären. Es versteht sich von selbst, dass man sehr gut vorbereitet zu diesem Treffen erscheint. Auch der Veranstalter sollte gut über alle Themen unterrichtet sein.

Protokoll

Der Produktionsassistent kommt nicht nur als Zeuge und Gehilfe mit, sondern auch, um ein möglichst ausführliches Protokoll zu führen. Dies kann schriftlich geschehen oder mit Hilfe eines Diktiergeräts. Während der Ämterrunde muss eine Teilnehmerliste mit Namen, Amt, Telefon- und Faxnummer sowie Unterschrift herumgereicht werden. Das Sitzungsprotokoll wird später mit der Teilnehmerliste an alle Beteiligten gefaxt und mit der Bitte versehen, es zu unterschreiben und damit zu bestätigen und anschließend wieder zurückzufaxen. Grundsätzlich, auch außerhalb größerer Sitzungen, sollte man sich alles schriftlich bestätigen lassen.

Ortsbegehung

Mit den Sitzungsteilnehmern sollte versucht werden, eine Ortsbegehung festzulegen. Dabei kann allen behördlichen Vertretern konkret vermittelt werden, was geplant ist. Es sollten Fluchtwege, Brandschutzmaßnahmen, Aufbauten, Technikstellungen, öffentliche und gesperrte Areale gezeigt werden. Bei allen Unklarheiten und Nachbesserungswünschen bieten sich Fotos an. Wiederum ist es sinnvoll, Protokoll zu führen.

2.9. Amtliche Abnahme

Wie eine Amtsabnahme des Veranstaltungsortes vor sich geht und wie deren Resultate aussehen können, findet man in diesem Abschnitt.

Termin der Amtsabnahme

Unmittelbar nach der amtlichen Gestattung der Veranstaltung sollte man einen Abnahmetermin vor Ort mit allen Behörden, die sich daran beteiligen wollen oder müssen, vereinbaren. Dies sind fast immer das Bauordnungsamt, die Polizei, die Feuerwehr und meist auch das Ordnungsamt und das Hygieneamt. Der Termin sollte erst dann stattfinden, wenn alle Aufbauten fertig sind. Er sollte allerdings auch nicht zu spät liegen, um noch eventuelle Auflagen erfüllen zu können und so ein Einlass-Delay zu verhindern. Optimal ist – je nach Veranstaltungsgröße – zwei bis sechs Stunden vor Doors open.

Was wird abgenommen?

Zur Amtsabnahme sollten den beteiligen Personen die Location, alle Aufbauten (Bühnen, Zelte, fliegende Bauten), die Stützpunkte für Sanitäter und Feuerwehr, die sanitären Anlagen, die PKW-Stellflächen für die Gäste und alle gastronomischen Einrichtungen gezeigt werden. Alle Brandschutzmaßnahmen, Fluchtwege und Zufahrtskonzepte sind zu erläutern. Bei sehr weitläufigen Veranstaltungsorten bietet es sich an, das Gelände mit mehreren Autos abzufahren. Selbstverständlich sollten alle Unterlagen, Gutachten und Pläne am Mann sein. Lassen sich Funkgerät und Handy nicht lautlos schalten, können sie einem Assistenten gegeben werden.

Mängelbeseitigung

Zu den wichtigsten Unterlagen zählen Bau-, Bühnen- und Zeltbücher (für alle fliegenden Bauten), die von den Verleihfirmen besorgt werden und definitiv vor Ort sein müssen. Äußerst sinnvoll ist es, wenn Vertreter der Technikfirmen, der Gastronomie, der Security und anderer Subunternehmen beim Rundgang dabei sind. Ein Assistent sollte mitgehen, um sich Notizen über Mängel und Auflagen zu machen, bevor diese von den Behörden schriftlich verfasst werden (schnelle Mängelbeseitigung). Über Funk kann der Assistent noch während der Abnahme die Beseitigung veranlassen. Auch ein oder zwei Hands sollten mitlaufen, um kleinere Mängel unverzüglich zu beseitigen, so dass es gar nicht zur schriftlichen Dokumentation durch die Amtsvertreter kommen muss. Erfahrungsgemäß werden fast immer Mängel (abgelaufene Feuerlöscher, fehlende Rettungswegschilder, schlecht gekennzeichnete Stolperstufen usw.) gefun-

2. Grundlagen

den und Auflagen vor Ort verfasst; die meisten halten sich im Rahmen.

Nach dem Rundgang gibt es drei mögliche Reaktionen der Behörden: Eine Gestattung laut Antrag; ab jetzt kann man die Tore öffnen. Eine Gestattung mit Auflagen, die es vor Einlassbeginn zu erfüllen gilt. Hier kann es passieren, dass ein Termin zur erneuten Abnahme vereinbart werden muss, um die Mängelbeseitigung zu kontrollieren. Dieser sollte in wenigen Stunden erfolgen. Oder die Behörde erteilt keine Gestattung, wobei kein „Doors Open" möglich ist und man von vorn, mit einem neuen Antrag, beginnen kann. In einigen Regionen ist eine Amtsabnahme gebührenpflichtig, also etwas Bargeld (um die 100 bis 200 Euro) mitnehmen. *amtliche Freigabe*

Wenn absolut keine Gestattung erteilt wird, kann im extremen Notfall die Gesamthaftung für die Veranstaltung vom Veranstalter oder Produktionsleiter übernommen werden. Mit diesem Schritt entlastet man alle Ämter, man erhält keine Genehmigung, muss mit einem Ordnungsverfahren und finanziellen Strafen rechnen. Bei jeder Art von entstehendem Schaden, vor allem bei Personenschäden, sieht es vor Gericht immer schlecht aus und kann privat definitiv sehr teuer werden. Diese Prozedur ist nur selten möglich, und es ist auch nur mit Nachdruck davon abzuraten! Es kommt auch kaum vor, dass dies zwischen Amt und Veranstalter so geregelt wird. *keine Gestattung*

2.10. Rettungskräfte

Hier die Betrachtung der benötigten Rettungskräfte wie Feuerwehr, Sanitäter und Polizei sowie ein Berechungsmodell für benötigte Sanitätsdienste.

Ohne ausreichende Rettungskräfte vor Ort darf kein Veranstaltungsgelände für die Öffentlichkeit freigegeben werden. Dieser Bereich teilt sich in Feuerwehr, Sanitäter und mitunter in Polizei oder Bundesgrenzschutz auf.

Den Bedarf an Feuerwehrmännern, Brandwachen und Fahrzeugen unterschiedlichster Art legt das Brandschutzamt fest. Nach der Mitteilung über den benötigten Umfang muss man diesen der Feuerwehr mitteilen. Nach einer kurzen Bearbeitungszeit erhält man ein Angebot (das bestätigt werden muss) oder einen Kostenvoran- *Feuerwehr*

All Area Access

schlag. Selbstverständlich kann auch ohne Veranlagung des Brandschutzamtes Feuerwehrpersonal mit dem nötigen Material gemietet werden. Die Kosten muss in jedem Fall der Veranstalter tragen. Eine Brandwache kostet pro Einsatzstunde zwischen 8 und 20 Euro, wobei sich hier regionale Unterschiede aus den Feuerwehrsatzungen ergeben. Wesentlich teurer sind Fahrzeuge, sie kosten teilweise mehrere 100 Euro pro Stunde.

Sanitäter

Sanitäter sollten auch schon bei kleineren Veranstaltungen gebucht werden. Sanitäter, Notärzte und entsprechende Fahrzeuge können bei gemeinnützigen Vereinen wie dem Deutschen Roten Kreuz, dem Arbeiter-Samariter-Bund, den Johannitern, den Maltesern usw. angefragt werden. Die Preise sind von Verein zu Verein sehr verschieden. Ein Preisvergleich lohnt fast immer.

Vor Ort sollte allen Rettungskräften ein Stützpunkt zur Verfügung gestellt und mindestens ein Funkgerät für die Sanitäter und ein weiteres für die Feuerwehr übergeben werden. Die Basen für die Rettungskräfte sollten möglichst zentral und an schnellen Verbindungen zum öffentlichen Verkehrraum liegen.

Nach der Veranstaltung erhält man ein Sanitätsprotokoll, auf dem alle medizinischen Vorkommnisse dokumentiert sind. Nur selten wird direkt von einem Amt vorgeschrieben, wieviele Sanitäter benötigt werden. Vielmehr muss man selbst einen Vorschlag zur sanitätsdienstlichen Absicherung erstellen und dem Ordnungsamt unterbreiten.

rechnerische Ermittlung der benötigten Sanitätskräfte

Die nächsten Seiten zeigen, wie die Anzahl der benötigten Sanitätskräfte berechnet werden kann:

2. Grundlagen

Empfohlenes Punktemodell für die sanitätsdienstliche Absicherung von Veranstaltungen:

1. Ermittelung der Maximalkapazität:

- anhand eines Bestuhlungsplans oder nach Informationen über den Veranstaltungsort
- bei Freiflächen 4 Personen pro m^2

Maximalkapazität	Punkte
bis 500	1
bis 1.000	2
bis 1.500	3
bis 3.000	4
bis 6.000	5
bis 10.000	6
bis 20.000	7
bis 30.000	8
bis 40.000	9
bis 50.000	10
je weitere 10.000	+1

- Verdoppelung der Punkte bei Indoor-Veranstaltungen

2. Festlegung der erwarteten Besucherzahl:

- aus Kartenverkauf oder Erfahrungswerten
- ansonsten bei Freiflächen 2 Personen pro m^2

erwartete Besucherzahl	Punkte
je volle 500	+1

3. Art der Veranstaltung:

Veranstaltungsart	Multiplikationsfaktor
allg. Sportveranstaltung	0,3
Ausstellung	0,3
Demonstration	0,8
Feuerwerk	0,4
Flugveranstaltung	0,9
Karnevalsveranstaltung oder Karnevalszug	0,3
Kombi-Veranstaltungen (Sport – Musik – Show)	0,35
Konzert	0,2
Kundgebung	0,5
Messe	0,3
Motorsportveranstaltung	0,8
Musikveranstaltung	0,5
Oper / Operette	0,2
Reitsportveranstaltung	0,1
Rockkonzert	1,0
Rockkonzert mit Boygroup	1,2
Schauspiel/Theater	0,2
Show	0,2
Stadtteil- oder Straßenfest	0,4
Volksfest	0,4
Weihnachtsmarkt	0,3
allgemeine Veranstaltung mit zentralem Programmpunkt und geringem Risiko	0,3

2. Grundlagen

4. Vorhandensein von Prominenten mit Sicherheitsstufe:

Anzahl teilnehmender Prominenter	Punkte
0 bis 4	0
5 bis 9	10
10 bis 14	20
ab 15	30

5. Kenntnis über Gewaltbereitschaft:

- liegen eigene oder polizeiliche Kenntnisse über eine Gewaltbereitschaft der Teilnehmer vor, so kommen 10 Punkte hinzu

6. Zusammenfassung der Punkte:

(Punkte aus 1. + Punkte aus 2.) * Multiplikationsfaktor aus 3. + Punkte aus 4. + Punkte aus 5. = Gesamtpunktzahl

7. Festlegung der sanitätsdienstlichen Absicherung:

Gesamtpunktzahl	Helfer/ Sicherheitswachdienst (SWD)
0,1 bis 2,0	keine
2,1 bis 4,0	3
4,1 bis 13,5	5
13,6 bis 22,0	10
22,1 bis 40,0	20
40,1 bis 60,0	30
60,1 bis 80,0	40
80,1 bis 100,0	80

100,1 bis 110,0	100
110,1 bis 120,0	120
120,1 bis 140,0	160

Gesamtpunktzahl	Krankentransportwagen (KTW)
0,1 bis 4,0	keiner
4,1 bis 13,0	1
13,1 bis 25,0	2
25,1 bis 40,0	3
40,1 bis 60,0	4
60,1 bis 80,0	5
80,1 bis 100,0	6
100,1 bis 110,0	7
110,1 bis 120,0	8
120,1 bis 140,0	10

Gesamtpunktzahl	Rettungswagen (RTW)
0,1 bis 6,0	keiner
6,1 bis 25,5	1
25,6 bis 45,5	2
45,6 bis 60,5	3
60,6 bis 75,5	4
75,6 bis 100,0	5
100,1 bis 120,0	6
ab 120,1	7

Gesamtpunktzahl	Notarzteinsatzfahrzeuge (NEF)/Notärzte (NA)
0,1 bis 13,0	keine
13,1 bis 30,0	1
30,1 bis 60,0	2
60,1 bis 90,0	3

2. Grundlagen

90,1 bis 120,0	4
ab 120,1	5

Gesamtpunktzahl	Großraum-Krankentransportwagen (GKTW)
0,1 bis 90,0	keiner
ab 90,1	1

- Großraum-Krankentransportwagen können gegebenenfalls durch einfache Krankentransportwagen kompensiert werden.

Gesamtpunktzahl	sanitätsdienstliche Einsatzleitung
0,1 bis 30,0	keine stabsmäßige Einsatzleitung
30,1 bis 60,0	stabsmäßige Einsatzleitung mit reduzierter Besetzung
ab 60,1	volle stabsmäßig strukturierte Einsatzleitung

Gesamtpunktzahl	50 bis 80	80 bis 110	ab 110
Bezeichnung	UHS 1	UHS 2	UHS 3
Behandlungsplätze	5	5	8
Notärzte	1	1	2
Rettungsassistenten	1	1	2
Rettungssanitäter	5	5	8
Ablageplätze	10	20	25
Rettungshelfer	5	10	12
Rettungswagen	1	1	1

- Unfallhilfsstellen (USH) sind generell erst ab 30.000 Besuchern zu errichten und bieten echte ärztliche Behandlungsmöglichkeiten vor Ort.
- Generell sollten alle sanitätsdienstlichen Kräfte ein

zentrales „Sanni-Einsatzzentrum" zugewiesen bekommen.

Beispiel:

Open-Air-Rockveranstaltung mit 4.000 m² Fläche:
- 16.000 Personen Maximalkapazität: 7 Punkte
- keine Verdopplung, da im Freien
- 10.000 erwartete Besucher: 20 Punkte
- Veranstaltungsartfaktor: 1,0 (Rockkonzert)
- 2 teilnehmende Prominente: 0 Punkte
- keine erkennbare Gewaltbereitschaft

Gesamtpunktzahl: $(7 + 20) * 1,0 + 0 + 0 = 27$

27 Gesamtpunkte:
- 20 Helfer
- 3 Krankentransportwagen
- 2 Rettungswagen
- ein Notarzt
- kein Großraum-Krankentransportwagen
- keine stabsmäßige Einsatzleitung
- keine Unfallhilfsstelle

2. Grundlagen

Jede Veranstaltung muss bei der örtlichen Polizeidienststelle angezeigt werden, damit in dieser Behörde das Ereignis nicht zur Verwirrung und zu Komplikationen vor Ort führt. Das geht meist formlos mit einem Telefonat oder einem Fax. Die eigene Telefonnummer und die des Produktionsbüros sollten praktischerweise angegeben werden. Die Polizei beziehungsweise der Bundesgrenzschutz können zudem nicht einfach, wie zum Beispiel Sanitäter oder Feuerwehr, bestellt werden. Ihr Vorhandensein wird allein vom lokalen Polizeipräsidium gesteuert und ist so gut wie immer kostenneutral. Eine Anwesenheit der Polizei wird auf politischen Veranstaltungen und bei einem erhöhten Gefährdungspotential (aus welchen Grund auch immer) in Erwägung gezogen. In Notfällen kann natürlich immer die 110 gewählt werden. Eine Polizeistreife am Veranstaltungsort ist ein willkommener Sicherheitsbonus. Beim spontanen Erscheinen einer Streife sollten die Vertreter der Staatsexekutive begrüßt und nach dem Grund ihres Erscheinens gefragt werden.

Polizei

2.11. Gastronomie

Amtliche Belange der Gastronomie werden hier vorgestellt.

Die Gastronomie benötigt immer einen gesonderten Antrag durch eine Firma oder Person mit einem Nachweis des entsprechenden IHK-Lehrgangs („Bulettenschein"). Bei der Gastronomieanmeldung ist immer die Gastrofirma zu konsultieren. Die gastronomische Konzession erhält man durch eine Anzeige beim Gewerbeamt. Dort werden auch Anträge für Marktfestsetzungen (Merchandise) angenommen und geprüft. Bindend sind die Gewerbeordnung, das Gaststättengesetz, das Bundesseuchengesetz und die lebensmittelhygienischen Vorschriften. Auch hier existieren regional unterschiedliche Anforderungen und Antragswege. Folgendes gehört neben einer knappen Veranstaltungsbeschreibung mit Name, Ort und Datum in den Antrag: Name und Anschrift des Gastronomen, die genauen Standorte mit den dort zu verkaufenden Waren (in Lageplan einzeichnen), die Größe und Art der Stände, die Bruttoverkaufspreise, Art und Umfang der Schank- und Kochtechnik, die geplanten Schank- und Kochzeiten, eine Personal- und eine Subunternehmerliste, eine Liste der Verantwortlichen mit Telefonnummern, die Anzahl der Sitzplätze, die Zahl aller Toiletten und eine Kopie des Gewerbescheins der Gastronomen. Vor Ort sollten alle Mitarbeiter, die mit Lebensmitteln in Kontakt kommen, einen Gesundheitsausweis

Gastronomie und Merchandise

All Area Access

dabei haben. Dieser lässt sich nach ein paar Tests bei jedem Amtsarzt erwerben.

Hygieneamt — Bei größerem gastronomischem Umfang kann eine Anzeige beim Hygieneamt beziehungsweise dem Veterinäramt nötig werden; dies hängt von den lokalen Vorschriften ab. Der Antrag ähnelt der Gastronomieanmeldung beim Gewerbeamt. Hier sollten zusätzlich die Protokolle über die Reinigung aller Gastronomietechnik, sämtliche Gerätezertifikate und eine Kopie aller Gesundheitsausweise des Personals beigefügt werden.

Kontrolle vor Ort — Das Gewerbe- und das Hygieneamt können durchaus vor Ort zur Überprüfung aller Angaben und zur Kontrolle der Einhaltung aller Vorschriften erscheinen. Im schlimmsten Fall müssen Teile der Gastronomie geschlossen werden. Generell ist auch von Produktionsseite bei allen gastronomischen Einrichtungen (auch die für das Catering) auf Sauberkeit zu achten.

Gastronomieantrag-Vordruck — Das folgende Formular ist der Vordruck eines Gastronomieantrags nach § 12 GastG.

Antrag auf Gestattung eines vorübergehenden Gaststättenbetriebs >

2. Grundlagen

Eingangsstempel / Vermerke	**ANTRAG**
▼ Anschrift der zuständigen Behörde	auf Gestattung eines vorübergehenden Gaststättenbetriebes (§ 12 GastG)
	zum Betrieb einer
	☐ **Schankwirtschaft**
	☐ **Speisewirtschaft**
	☐ **Gästebeherbergung**

Besondere Betriebsart (z. B. Discothek, Tanzlokal, Bar usw.)

Personalien des Antragstellers:

Name, Vorname — Geburtsname (wenn abweichend)

juristische Person, vertreten durch

Geburtsdatum — Geburtsort — Staatsangehörigkeit

Anschrift

Bei Ausländern: Aufenthaltsgenehmigung erteilt durch:

Anlass – Zeitraum:

Anlass

im Zeitraum (Datum und Uhrzeit)

☐ Tanzveranstaltungen vorgesehen ☐ musikalische Darbietungen vorgesehen an Tag/en ☐

Ort – Raum od. Platz:

Gestattung soll sich erstrecken auf (genaue Bezeichnung des Gebäudes – bzw. Grundstücks – Anwesens)

☐ Die Einverständniserklärung des Eigentümers liegt vor.

☐ Festzelt wird errichtet (Aufstellung wird unter Vorlage des Prüfbuches der Bauaufsichtsbehörde angezeigt) | ☐ Größe der Räume/Fläche m²: | ☐ Anzahl der Sitzplätze

Vorhandene Nebenräume (z. B. Toiletten, Schankraum)

Getränkeausschank – Speiseabgabe:

☐ Getränkeausschank mittels ☐ Getränkeschankanlage ☐ Durchlaufkühler ☐ Flaschenausschank

☐ Die Getränkeschankanlage wurde vor Inbetriebnahme auf Betriebssicherheit durch einen Sachkundigen überprüft.

☐ Die von ihm hierüber ausgestellte Bescheinigung wird sofort der Kreisverwaltungs-/Gaststättenerlaubnisbehörde vorgelegt.

Der Ausschank alkoholischer und nichtalkoholischer Getränke:
☐ aller ☐ folgender _____ ☐ unter Verwendung von Mehrweggeschirr*)

ist vorgesehen.

Die Abgabe zubereiteten Speisen:
☐ aller ☐ folgender _____ ☐ unter Verwendung von Mehrweggeschirr*)

ist vorgesehen.

Zur Speisen- und Getränkeabgabe kann **kein** Mehrweggeschirr*) verwendet werden, weil _____

(genaue Angabe der Hinderungsgründe)

Bescheinigungen nach § 43 Infektionsschutzgesetz (IfSG) bzw. Gesundheitszeugnisse nach §§ 17 u. 18 Bundesseuchengesetz (BSeuchG) liegen vor für:
(alle Personen, die Speisen zubereiten und in Verkehr bringen)

Dem Antragsteller ist bekannt, dass Gestattung nur erteilt werden kann, wenn die im öffentlichen Interesse erforderlichen hygienischen und sanitären Einrichtungen (nach Geschlechtern getrennte Toiletten, einwandfreie Gläserspüle usw.) vorhanden sind.
Hiermit wird versichert, dass alle Angaben nach bestem Wissen und wahrheitsgemäß gemacht sind, und dass bekannt ist, dass die Gestattung zurückgenommen werden kann, wenn sie auf unrichtigen Angaben beruht.

Ort, Datum _____ Unterschrift des Antragstellers _____

*) Die Verwendung von Mehrweggeschirr ist Voraussetzung. Nur in wirklich begründeten Fällen, in denen dieses absolut nicht möglich ist, kann die Erlaubnisbehörde hiervon eine Befreiung erteilen.

All Area Access

Bearbeitungsvermerke:

1. Bestehen gegen den Antragsteller begründete Bedenken hinsichtlich seiner persönlichen Zuverlässigkeit?

   ☐ ja ☐ nein

2. Treffen die Angaben des Antragstellers in Bezug auf die räumlichen Verhältnisse zu?

   ☐ ja ☐ nein

2a. Der/Die Grundrissplan/Grundrisspläne liegt/liegen vor?

   ☐ ja ☐ nein

3. Welche Schankanlage ist vorhanden?

4. Ist in der Schankanlage fließendes Wasser eingerichtet?

5. Ist eine einwandfreie Gläserspüle mit **zwei** Spülbecken sowie Handwaschgelegenheiten und Trinkwasserversorgung vorhanden? Welche?

   ☐ ja ☐ nein

6. Sind die Betriebsräume einschließlich Toiletten in einem einwandfreien Zustand oder weisen sie Mängel auf? Welche?

   ☐ ja ☐ nein

7. Ist die ordnungsgemäße Abwasserbeseitigung gesichert?

   ☐ ja ☐ nein

8. Sind durch diesen Betrieb irgendwelche Störungen oder Belästigungen der Nachbarschaft zu erwarten?

   ☐ ja ☐ nein

8a. Nachweis über Einhaltung der Lärmschutzwerte (z. B. Bescheinigung einer Fachfirma, Einbau und Einpegelung eines Limiters etc.) liegt vor?

   ☐ ja ☐ nein

9. Der Antrag wird

   ☐ befürwortet ☐ aus nachstehenden Gründen abgelehnt:

10. Folgende Auflagen sind veranlasst:

Unterschrift

2.12. Planungshilfen

In diesem Abschnitt werden Arbeitsmittel vorgestellt, die eine Veranstaltungsplanung erleichtern bzw. erst möglich machen. Ein Schwerpunkt liegt dabei auf CAD.

Wie man seine Arbeitsweise in der Vorproduktion festlegt, ist jedem selbst überlassen, jedoch helfen feste Planungselemente und nützliche Anwendungen im digitalen Bereich, die Vorbereitung schneller und effizienter zu gestalten. Gerade der Umgang mit Rechnern beziehungsweise Notebooks ist ein elementarer Bestandteil der mittleren bis großen Produktionen. Notebooks haben den Vorteil, dass man all seine Daten leicht auf jeder Baustelle aufrufen und bearbeiten kann. Auch E-Mail-Verkehr und Datenstreams am Produktionsort dank Handy oder Telefonanschluss erleichtern allen Produktionsleitern, die über diese Ausrüstung verfügen, erheblich die Arbeit. Richtig effizient wird der Umgang mit Rechnern in einem Netzwerk mit Anschlüssen für alle Teil- und Nebenbereiche der Veranstaltung und für das Produktionsteam. Hier können schnell alle digitalen Daten (Line up, Personalpläne, CAD-Pläne usw.) verteilt, überarbeitet und zurückgesandt werden. Aufpassen sollte man, was Überschreibungen und versehentliches Löschen von Daten und Konfigurationen angeht; schnell sind wichtige Dateien im Netzwerk verschwunden. Ein Backup-Konzept mit kurzen Zeitrahmen ist deshalb sehr sinnvoll.

Arbeitsmittel

Als Produktionsleiter ist man oft einer der ersten vor Ort, während das Booking oder die Geschäftsleitung noch im Heimatbüro arbeiten und der Veranstaltung den letzten Schliff geben. Daher sollte man sich von der Basis täglich oder auch stündlich E-Mails mit allen Veränderungen und aktuellen Dateien senden lassen. Vorteilhaft, aber teuer sind Firmen-Intranets, die einen permanenten Kontakt zwischen Baustelle und Basis erlauben. In der Vorproduktion stehen die Objekt-Aufplanung, die Personal-, die Material- und die Zeitplanung im Mittelpunkt. Auch hierfür existieren viele Programme und Tools, die die Gedanken des Planers auf den Rechner oder aufs Papier bringen. Man kann natürlich auch ohne Computer eine Planung erstellen, von Nachteil ist aber die Unveränderlichkeit und die Unübersichtlichkeit des beschriebenen Papiers.

vor Ort

All Area Access

Datenbanken und Tabellen

Die Vorteile des digitalen Arbeitens beginnen bereits mit Datenbanken (Kontakte, Locations, Erfahrungen) aus vorangegangenen Produktionen. Auch alte Personal- und Materialpläne in verzweigten Tabellen können ungemein bei der aktuellen Planung helfen. Tabellenkalkulationen (zum Beispiel MS Excel) erlauben es, mehrere Felder mit mathematischen Formeln (zum Beispiel Summen) zu Gesamt-

Location	Anzahl	Job	Zeitrahmen	Hand-h	Anzahl	Job
Vorplatz	4	Zäune	9.6. ; 20:00 - 08:00	48	4	Bühne
Park	2		10.+11.+12.6. ; 10:0(	28		
Hauptbühne	6	Zäune	6.6. ; 08:00 - 20:00	138	2	Bühne
Nebenbühne	14	Bühnendach	8.6. ; 10:00 - 20:00	210	7	Technik
Springer Hands	2	Bereitschaft	7.6. ; 08:00 - 14.6. ;	48		

Lohn / h	20,00 DM
Anzahl Hand	1
Benötigte Hand	166
Fehlende Hand	165

		Samstag, den 24.12.01 (Veranstaltung)			Sonntag, den 25.12.01 (V	
Name	Job	Einsatzort	Schicht	Arbeitszeit	Einsatzort	Schicht
	Allround	Bereitschaft / Sprin	00:00-12:00	12	Bereitschaft / Spr	00:00-12:00
	Allround	Bereitschaft / Sprin	00:00-12:00	12	Bereitschaft / Spr	00:00-12:00
	Technik / Stage	Vorplatz	10:00-24:00	14	Vorplatz	10:00-24:00
	Technik / Stage	Vorplatz	10:00-24:00	14	Vorplatz	10:00-24:00
	Technik / Stage	Nebenbühne	10:00-22:00	12	Nebenbühne	10:00-22:00
	Technik / Stage	Nebenbühne	10:00-22:00	12	Nebenbühne	10:00-22:00
	Technik / Stage	Nebenbühne	10:00-22:00	12	Nebenbühne	10:00-22:00
	Technik / Stage	Nebenbühne	10:00-22:00	12	Nebenbühne	10:00-22:00
	Technik / Stage	Nebenbühne	10:00-22:00	12	Nebenbühne	10:00-22:00
	Technik / Stage	Park (Stage)	12:00-23:00	11	Park (Stage)	12:00-23:00
	Technik / Stage	Park (Stage)	12:00-23:00	11	Park (Stage)	12:00-23:00
	Technik / Stage	Park (Stage)	12:00-23:00	11	Park (Stage)	12:00-23:00
	Technik / Stage	Park (Stage)	12:00-23:00	11	Park (Stage)	12:00-23:00
	Technik				Park	10:00-20:00
	Technik				Park	10:00-20:00
	Technik				Park	10:00-20:00
	Technik				Park	10:00-20:00
	Technik				Park	10:00-20:00
	Technik				Park	10:00-20:00
	Technik				Park	10:00-20:00
	Technik				Park	10:00-20:00
	Technik	Hauptbühne	09:00-24:00	15	Hauptbühne	09:00-24:00
	Technik	Hauptbühne	09:00-24:00	15	Hauptbühne	09:00-24:00
	Stage / Technik	Hauptbühne	09:00-24:00	15	Hauptbühne	09:00-24:00
	Stage / Technik	Hauptbühne	09:00-24:00	15	Hauptbühne	09:00-24:00
	Stage / Technik	Hauptbühne	09:00-24:00	15	Hauptbühne	09:00-24:00
	Stage / Technik	Hauptbühne	09:00-24:00	15	Hauptbühne	09:00-24:00
	Stage / Technik	Hauptbühne	09:00-24:00	15	Hauptbühne	09:00-24:00
	Stage / Technik	Hauptbühne	09:00-24:00	15		
	Stage / Technik	Hauptbühne	09:00-24:00	15		
	Stage / Technik	Hauptbühne	09:00-24:00	15		
	Allround	Hauptbühne	09:00-24:00	15		
	Allround	Hauptbühne	09:00-24:00	15		
	Allround	Hauptbühne	09:00-24:00	15		
	Allround	Hauptbühne	09:00-24:00	15		
			28	378	29	

Beispieltabelle, der Inhalt ist frei erfunden

2. Grundlagen

preisen, Gesamtpersonalstunden usw. zu verknüpfen. Auch mehrere verschiedene Tabellendateien können frei miteinander zu Statistiken kombiniert werden. In Personaldateien ist man so in der Lage, eine dynamische Matrix von Hunderten von Mitarbeiten mit Schichten und Arbeitsstunden sowie Lohnberechnungen zu erstellen, in der sich leicht dynamische Veränderungen jeder Art vornehmen lassen.

Personalplan (Beispiel)

Hand-h	Gesamt-Hand-h	Preis o. M.		
100	148	2.960,00 DM	Vorplatz	
	28	560,00 DM	160,00 DM	
40	178	3.560,00 DM	480,00 DM	
133	343	6.860,00 DM		
	48	960,00 DM		
Summe:		745		
Preis / h:		20		
Preis o. M.:		14.900,00 DM		
MwSt.:		2.384,00 DM		
Preis:		17.284,00 DM		

Montag, den 26.12.01 (Veranstaltung)						
Einsatzort	Schicht	Arbeitszeit	Gesamt-Arbei	Lohn	Lohn (incl. MwSt..)	
Bereitschaft / S	00:00-12:00	12	36	504,00 DM	584,64 DM	Bereitschaft
Bereitschaft / S	00:00-12:00	12	36	504,00 DM	584,64 DM	1.008,00 DM
Vorplatz	10:00-24:00	14	42	588,00 DM	682,08 DM	Vorplatz
Vorplatz	10:00-24:00	14	42	588,00 DM	682,08 DM	1.176,00 DM
Nebenbühne	10:00-22:00	12	36	504,00 DM	584,64 DM	Nebenbühne
Nebenbühne	10:00-22:00	12	36	504,00 DM	584,64 DM	
Nebenbühne	10:00-22:00	12	36	504,00 DM	584,64 DM	
Nebenbühne	10:00-22:00	12	36	504,00 DM	584,64 DM	
Nebenbühne	10:00-22:00	12	36	504,00 DM	584,64 DM	
Nebenbühne	10:00-22:00	12	36	504,00 DM	584,64 DM	3.528,00 DM
Park (Stage)	12:00-23:00	11	33	462,00 DM	535,92 DM	Park
Park (Stage)	12:00-23:00	11	33	462,00 DM	535,92 DM	
Park (Stage)	12:00-23:00	11	33	462,00 DM	535,92 DM	
Park (Stage)	12:00-23:00	11	33	462,00 DM	535,92 DM	
			10	140,00 DM	162,40 DM	
			10	140,00 DM	162,40 DM	
			10	140,00 DM	162,40 DM	
			10	140,00 DM	162,40 DM	
			10	140,00 DM	162,40 DM	
			10	140,00 DM	162,40 DM	
			10	140,00 DM	162,40 DM	2.968,00 DM
Hauptbühne	10:00-20:00	10	40	560,00 DM	649,60 DM	Hauptbühne
Hauptbühne	10:00-20:00	10	40	560,00 DM	649,60 DM	
Hauptbühne	20:00-08:00	12	42	588,00 DM	682,08 DM	
Hauptbühne	20:00-08:00	12	42	588,00 DM	682,08 DM	
Hauptbühne	20:00-08:00	12	42	588,00 DM	682,08 DM	
Hauptbühne	20:00-08:00	12	42	588,00 DM	682,08 DM	
Hauptbühne	20:00-08:00	12	42	588,00 DM	682,08 DM	
Hauptbühne	20:00-08:00	12	27	378,00 DM	438,48 DM	
Hauptbühne	20:00-08:00	12	27	378,00 DM	438,48 DM	
Hauptbühne	20:00-08:00	12	27	378,00 DM	438,48 DM	
Hauptbühne	08:00-20:00	12	27	378,00 DM	438,48 DM	
Hauptbühne	08:00-20:00	12	27	378,00 DM	438,48 DM	
Hauptbühne	08:00-20:00	12	27	378,00 DM	438,48 DM	
Hauptbühne	08:00-20:00	12	27	378,00 DM	438,48 DM	6.706,00 DM
28		332	1063	14.882,00 DM	17.263,12 DM	

All Area Access

grafische Pläne   Anspruchsvoller ist eine grafische Ausarbeitung des Veranstaltungsorts. Das Ziel besteht darin, diesen mit allen Aufbauten und produktionsbedingten Veränderungen maßstabsgerecht zu erfassen und – nach Sichtung im Team – zu verändern. Basis dieses Vorhabens ist ein Rohgrundriss des Objekts. Nun zeichnet man alle geplanten Vorhaben wie Bühnen, Stromverteilung, Stände, Container, mobile Toiletten, öffentliche und gesperrte Zugänge, Feuerlöscher, Security-Posten, Bühnengräben und Wellenbrecher in den Plan ein. Das Ergebnis kann mit dem Veranstalter und den Ämtern besprochen werden und bietet eine wertvolle Unterstützung in sämtlichen Briefings.

Etwas aufwendiger, aber wesentlich effizienter und dynamischer ist ein digitaler Plan in einem CAD-Format (Computer-Aided Design). Hierzu scannt man den Grundriss und andere vorhandene Rohdaten wie Flur- und Lagepläne, Aufrisse, Geländepläne, Luft- und Satellitenbilder sowie Anschluss- und Verteilerpläne des Veranstaltungsorts ein, fügt alle Pläne im CAD-Programm zusammen und vektorisiert alles zu einem Grundplan.

In diesen Plan lassen sich nun die geplanten Veränderungen und Bauten computergestützt einzeichnen. So kann man beispielsweise einer Bühne die Breite von 12 Metern durch einfaches Eintippen geben. Einen großen Vorteil bilden die Layer (Auflieger, Folien); mit ihnen lassen sich einzelne Planelemente wie die Security-Verteilung sichtbar oder unsichtbar machen. Sie können auch getrennt voneinander bearbeitet oder einem Mitarbeiter kopiert werden. Aus dem digitalen Plan kann man – dank der bemaßten Umgebung – mit der Maus Entfernungen, Flächen und Größen errechnen lassen. So fallen beispielsweise mühsame Bedarfsermittlungen von Absperrmaterial wie am herkömmlichen Grundriss auf dem Papier weg; es genügt, den Zaun-Layer zu aktivieren und auf das Längenmesssymbol zu klicken.

Den Maßstab der Zeichnung kann man frei wählen, er sollte aber spätestens beim Plotten (Drucken) festgelegt sein. Auch können verschiedene Kollegen gleichzeitig einen Plan bearbeiten (Gastronom -> Barlayer, Stromchef -> Stromlayer usw.) und am Ende zusammenfügen.

2. Grundlagen

Bei der Zeitplanung helfen ungemein Flow-Diagramme, die in einer Tabellenkalkulation oder in speziellen Programmen (zum Beispiel MS Project) zu erstellen sind (siehe auch 5.1. – Vorproduktion).

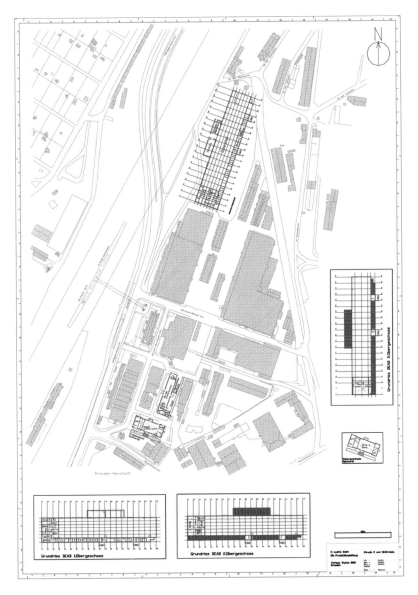

Location-Aufplanung in CAD (Beispiel)

All Area Access

CAD-Aufplanungen

Die Vorteile von CAD kann man sich allerdings nur mit einer recht umfangreichen Einarbeitung und mit Konstruktionskenntnissen sichern. Doch nach mehreren Plänen lohnt sich eine Umstellung beziehungsweise ein Einstieg. Die Programme (zum Beispiel AutoCAD der Firma Autodesk) sind recht komplex und wirken am Anfang ziemlich unübersichtlich. Hinzu kommen ein Kaufpreis in teilweiser fünfstelliger Höhe und die Plottkosten. Wer sich professionell in der Branche behaupten will und öfter einen Bauantrag stellen muss, der wird über kurz oder lang nicht an einem CAD-Programm seiner Wahl und ein paar Wochen Studium der Funktionalität vorbeikommen. Die CAD-Aufplanungen lassen sich in einem weiteren Arbeitsschritt auch leicht (mit Höhendaten) zu einer 3D-Skizze mit Texturen zu Präsentationszwecken (Veranstalter, Produktionsteam) erweitern. Viel detaillierter kann man seine Gedanken und Vorstellungen nicht visualisieren. Eine Computer-Aided-Engineering-Anwendung (CAE), in der alle Produktionsabläufe im Vorfeld simulierbar sind, wäre eine weitere Steigerung.

Luft- und Satellitenbilder

Wenn mehrere Veranstaltungsorte betrachtet werden oder man ein recht unüberschaubares Gelände ohne vorhandene Lagepläne plant, helfen Luft- und Satellitenbilder. Mittlerweile findet man im Internet oder auf CDs (zum Beispiel D-Sat) viele wertvolle Pläne von Deutschland und weiten Teilen der gesamten Welt. Diese Rohdaten können dann mit entsprechender Software zu produktionsrelevanten Plänen gemacht werden. Aber Vorsicht, die Höheninformation fehlt auf den meisten Bildern.

Haftung

Auf jedem erstellten Plan sollte die Bemerkung „arbeitsintern" oder „Skizze" stehen, um eine Haftung auszuschließen. Gerade bei Bauanträgen werden die Pläne von Behörden teilweise wie Urkunden behandelt. Wenn nach einer Ungenauigkeit ein Schaden entsteht, ist meist der Planersteller haftbar.

Datensicherung

Prinzipiell sollte man sich vor jedem Projekt genau überlegen, wie man seine Daten verwalten und anlegen möchte (Datenorganigramm). Muss man mit vielen Daten arbeiten, wird das Ganze schnell unübersichtlich oder gar chaotisch. Dies kann teilweise großen Schaden verursachen. Zu empfehlen sind Verknüpfungen zu einer zentralen Datenbank und regelmäßige Backups. Zu jedem Projekt sollte eine Archiv-CD gebrannt werden.

2.13. Produktionsbüro

Kriterien zum Standort und zur Einrichtung der Arbeitsbasis vor Ort werden hier erläutert.

Das Produktionsbüro ist die Basis des Produktionsleiters. Hier wird er einen Großteil seiner Zeit verbringen. Deswegen sollte das Büro auch einigermaßen ordentlich und sauber sein. Es empfiehlt sich, im produktiv genutzten Raum eine gemütliche Ecke mit Polstermöbeln und Kaffeemaschine einzurichten. Vorteile hat es auch, wenn der Produktionsleiter in diesem Raum übernachten, und so ständig erreichbar sein kann. Wesentlich ist allerdings die funktionelle Seite des Produktionsbüros. Es sollte möglichst zentral liegen und gut lärmgedämmt sein. Mit der geschickten Wahl der Lage kann man sich ein paar Kilometer Fußmarsch sparen, gewinnt leicht einen Überblick und ist in Notfällen schnell am Platz. Die Dämmung ist bei schallintensiven Events besonders wichtig. Im Büro sollte ein Maximum an Ruhe herrschen.

Lage des Produktionsbüros

Zur Grundausstattung gehören Möbel, die schnell improvisiert sind, Kaffeemaschinen, Aschenbecher, Papier und andere Büroutensilien, ein Rechner mit allen Daten, Telefon und Fax, mindestens eine Uhr und alle Pläne und Listen. Pläne (wie Aufplanungen, Bühnen- und Lichtplan, Lagepläne, ein Stadtplan, in dem die wichtigsten Orte wie Location(s) oder der nächste Baumarkt markiert sind) und Listen (wie Flow-Diagramm, Line up, Personallisten, Telefonnummern, Funkbelegungen, Hotellisten und Catering-Listen) gehören an die Wände; zum Befestigen kann Gaffa genutzt werden. Bei der Wahl des Raumes ist damit auch auf die Wände zu achten; dort können alle zur Produktion gehörenden Kräfte schnell alle Informationen ablesen und Briefings oder Manöverkritiken leicht durchgeführt werden. Auch Änderungen sollten sofort in die Pläne eingezeichnet werden, um immer den aktuellen Stand vor Augen zu haben. Das Produktionsbüro muss von außen mit einem eindeutigen Schild als solches zu erkennen sein, und das gesamte Personal sollte wissen, wo sich das Office befindet. Hilfreich ist es, auf dem Schild die Handy- und Funkkanalnummern der im Produktionsbüro arbeitenden Leute zu vermerken, falls diese unterwegs sind. Man sollte auch darüber nachdenken, einen Briefkasten (Bauleitung) zu installieren, um bei längeren Aufbauphasen für die Post und für Memos von Kollegen erreichbar zu sein – auf Großveranstaltungen ein Muss.

Ausstattung

All Area Access

Das Produktionsbüro kann auch Funkbasis und Funkgeräteabholstelle sein. Dies ist sehr praktisch, um die wertvollen Geräte sicher zu verwahren und die Kontrolle über das Funkgitter zu behalten.

mehrere Arbeitsplätze — Bei einem größeren Produktionsteam von mehr als 12 Personen empfiehlt es sich, einen großen Raum anstelle vieler kleiner zu nehmen, weil die Informationsstrecken sonst zu lang werden. Hier muss ein explizierter Plan gemacht werden, welcher Arbeitsplatz für welchen Bereich und welche Person da ist. Und natürlich müssen mehrere Telefone und Faxe sowie genügend Büromaterial vorrätig sein. Am besten sind eine Telefonanlage und ein Rechnernetzwerk, die die Arbeitsplätze miteinander verknüpfen. Hierfür muss es ebenfalls einen genauen Plan geben und eventuell auch eine Person, die sich ausschließlich um die Basis kümmert.

Security — Eine oder mehrere Security-Kräfte vor und im Office sind sinnvoll und bei Großproduktionen elementar. Der Security-Mann sollte auch auf ein geordnetes Eintreten von Crew oder Dritten, die sich in das Produktionsbüro begeben wollen, achten.

3. Material

Das dritte Kapitel beschäftigt sich mit der Verwendung und Dimensionierung von Produktionsmaterial – vom Pass bis zur Bühne.

3.1. Bühnentechnik

Alles Produktionsrelevante zur Bühnenwahl und -stellung wird aufgezeigt.

Der Posten der Veranstaltungstechnik muss mindestens in drei Hauptgebiete unterteilt werden: in Bühnen-, Ton- und Lichttechnik.

Veranstaltungstechnik

Wenn man nicht das Glück hat, dass der Veranstaltungsort bereits über eine Bühne verfügt, ist man darauf angewiesen, eine anzumieten. Zunächst bildet die Bühnengröße einen wichtigen Faktor für alle weiteren Planungsschritte. Hierbei sollte nicht nur die gewünschte Länge und Breite mit dem Veranstalter und dem Booking abgestimmt werden, sondern auch die Bühnenhöhe und die Höhe einer Überdachung. Der Veranstaltungsort gibt oft enge Grenzen für eine Bühnenstellung vor. Vor Ort gilt es, neben den Abmaßen der möglichen Stellflächen auch Neigungen und Unebenheiten für die Planung zu erfassen. Auch die Art des Bodens ist wichtig, da auf sandigen oder sonstigen weichen Böden schnell eine Bühne wegsacken kann und dann nicht weiter benutzbar ist. Wenn man einen kritischen Boden vorfindet und keine Möglichkeit einer anderen Stellfläche hat, muss man mit festen Platten aus Beton oder Stahl, die unter die Bühneaufsätze gesetzt werden, arbeiten. Man sollte sich außerdem überlegen, wie sich das Gewicht der Bühnenaufbauten (Dekoration, Technik, Backline usw.) senken lässt.

Bühnendimensionierung

Auf dem Markt gibt es viele unterschiedliche Bühnentypen. Am häufigsten kommt der Typ der BüTec-Bühne zum Einsatz. Sie wird aus mehreren Einzelelementen zusammengesetzt und hat durch eine feste Verschraubung ausreichend Stabilität. Die Standardelemente sind 2 m x 1 m groß und werden mit vier in unterschiedlichen Größen (stufenweise von 30 cm bis 1,65 m) verfügbaren Füßen auf eine

Bühnentypen

Höhe gesetzt. Dabei muss jede Platte mit allen angrenzenden Platten mittels Schnallen (Klemmen) fest verbunden werden. Auch eine in der Höhe stufenlos verstellbare Variante, dank eines Scherenprinzips, ist verfügbar. BüTec bietet viele spezielle Teile und unterschiedliche Plattengrößen und -schnitte an. Die Vorteile liegen klar in der modularen Bauweise und im geringen Transportvolumen. Darüber hinaus ist es möglich, Tribünen, Publikumsränge oder ähnliche Bauten zu realisieren. Andere Bühnentypen werden meist gerüstartig aufgebaut, was stabiler und aufwendiger ist. Dazu gehören auch die gern genutzten Layher-Bühnen. Natürlich gibt es viele andere Firmen, die Bühnentypen anbieten. Größter Nachteil sind die oft festen Bühnengrößen, was aber beispielsweise bei Open-Air-Veranstaltungen nicht stört.

Bühne Front mit Hamburger Gitter im Vordergrund

Bühnenbauer — Prinzipiell muss ein Fachmann, ein Bühnenbauer, den Aufbau der Bühne leiten. Diese werden fast immer mit der Bühne „mitvermietet". Er vermag auch, den Hand- und Zeitbedarf des Bühnenauf- und -abbaus effektiv einzuschätzen und so wichtige Informationen für die Planung zu liefern.

Absperrungen und Aufgänge — Bühnenhöhen von über einem Meter verlangen nicht nur nach allen Seiten – außer zur Showseite – ein stabiles Geländer, sondern auch nach einer festen Absperrung auf dem Boden in Richtung Publikum (Bühnengraben), damit niemand von der Masse unter die Bühne gedrückt werden kann. Neben mehreren Feuerlöschern sollten auch mindestens zwei Bühnenauf- und -abgänge vorhanden sein. Um Umbaupausen effizienter zu gestalten und zu verkürzen, kann man Rollraiser nutzen, die ein Aufbauen der nächsten Backline während der Vorläufershow gestatten.

3. Material

Bei größeren Veranstaltungen mit mehreren hundert Besuchern muss an ein Behindertenpodest gedacht werden. Dies wird auch meist von Amtsseite verlangt, man sollte sich im Vorfeld erkundigen. Eine Höhe von etwa einem Meter aus BüTec-Teilen reicht aus. Dazu kommen Geländer und eine Rampe, die 20 Prozent Steigung nicht übersteigen darf. Auf dem Behindertenpodest sollten etwa 0,1 bis 1,0 Prozent der erwarteten Besucher Platz finden. Vorsicht, diese Besucher benötigen mehr Platz (etwa einen Quadratmeter), da sie meist im Rollstuhl und mit einer Begleitperson kommen.

Behindertenpodest

Bühnenplatten-Aufbau

Eine Bühnenüberdachung hat nicht nur bei schlechtem Wetter Sinn, sie ist auch wichtig für die Beleuchtung der Bühne von oben. Auch hier gibt es mehrere Varianten, die der Veranstaltungstechnikmarkt anbietet. Recht häufig wird ein Ground-Support- oder Truss-Bühnendach realisiert. Das bedeutet: ein Aluminiumtragwerk aus eckigen und verzweigten Einzelelementen wird auf mehrere (mindestens vier) senkrecht nach oben ragende Stahltürme (so genannte Tower) heraufgezogen. Truss ist in mehreren Ausfertigungen (zum Beispiel Zweipunkt, Dreipunkt und Vierpunkt), Quergrößen (zum Beispiel XT/40 cm x 30 cm, FD/30 cm x 30 cm) und Längen (zum Beispiel in 1-m-, 2,5-m-Stücken) verfügbar. Auch sämtliche Winkel, Bögen und Spezialanfertigungen sind lieferbar. Das Truss kann mit Handkettenzügen oder Motoren auf die gewünschte Höhe gezogen werden. Hierbei ist wichtig, dass alle Kettenzüge gleichmäßig gezogen werden. Diese Methode des Bühnendachs hat neben der modularen und deshalb sehr anpassungsfähigen Bauweise aufgrund des relativ leichten Transports und des schnellen Aufbaus den Vorteil, dass die Lichttechniker recht leicht, nämlich auf dem Bühnenboden, die Lichttechnik installieren und umhängen können. Andere Dachvarianten sind Gerüstüberdachungen, die gut aussehen, aber schwerer zu bauen sind. Es existieren auch runde oder muschelför-

Bühnendach und Truss

All Area Access

mige Truss- und Gerüstdächer. Eine Bühnenüberdachung muss immer mehrfach gegen Wind und Sturm gesichert werden. Am einfachsten ist dies mit Stahlseilen, die straff von jeder oberen Ecke der Bedachung mit großen Erdnägeln im Boden verankert werden. Die Tower müssen auch mit Erdnägeln oder Gewichten (Wassertanks) fest und eben auf dem Boden stehen.

fliegen Indoor hat man öfter die Möglichkeit zu „fliegen" und so einem Ground-Support aus dem Weg zu gehen. Beim Fliegen werden an feste (Rigging-)Punkte an der Decke beziehungsweise in der Dachkonstruktion des Gebäudes Kettenenden von Motor-Kettenzügen

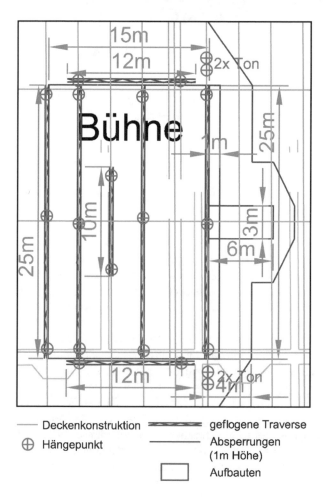

Rigging-Plan (Beispiel)

3. Material

eingehängt, an denen sich wiederum Truss-Elemente befinden, die nun in die gewünschte Höhe gefahren werden können. Der größte Nachteil dieser schönen Methode sind die Hängepunkte. Zunächst benötigt man Deckenbelastungspläne oder anderweitige Informationen über die zulässige Belastbarkeit der Deckenkonstruktion. Die Punkte sollten mehrere Tonnen Gewichtsbelastung (Angaben in Kilonewton sind üblich, 1 kN entspricht etwa 100 kg) aushalten. Dann müssen sich die anvisierten Punkte noch an der passenden Stelle über der Bühne befinden. Meist muss alle acht Meter jeder einzelnen Truss-Linie ein Motorkettenzug angebracht werden, um die Belastung relativ gleichmäßig zu verteilen. Mit der Methode des „Bridle" (auch als „breiteln" bezeichnet), kann aus zwei ungünstig gelegenen Punkten, die mit einem Stahlseil verbunden werden, ein besser positionierter Punkt auf diesem neuen Seil errichtet werden. Immer wenn Truss verbaut und spätestens, wenn geflogen werden soll, muss ein aussagekräftiger Rigging-Plan erstellt werden. Aus ihm muss man erkennen, wie die Truss-Konstruktion aussehen soll, wo die Deckenpunkte liegen und welche Belastung diese aushalten sollen. In vielen Ländern Deutschlands ist der Aufenthalt unter freihängenden Lasten verboten. Natürlich können Ausnahmen beantragt werden; dies setzt allerdings einen sauberen Rigging-Plan voraus.

Egal ob geflogen oder eine Ground-Support-Variante gewählt wird, immer sollten Fachleute wie Bühnenbauer, Rigger oder Steeler zumindest konsultiert, noch besser aber fest für die Auf- und Abbauten verpflichtet werden. Mittlerweile existieren mehrere gute Rigging-Firmen, die sich auf das Fliegen spezialisiert haben. Positiv ist ebenfalls, dass Verleiher von Bühnen und Truss nur in seltenen Fällen ihr Material ohne Fachkräfte anbieten. Meist verfügen lediglich die Verleih-Fachleute über das notwendige Wissen der korrekten Montage ihre Bühnen. Jede Bühne und jedes Dach hat jeweils eigene problematische Seiten und Vorzügen. Nur wenn ein Verleiher seinem Kunden zu- und vertraut, das Leihgut korrekt und sicher aufzubauen, wird teilweise auf die Mitvermietung eines Fachmanns verzichtet.

Fachleute

Wer auch immer für die Montage zuständig ist, er sollte das Bühnenbuch, in dem alle statischen Berechnungen und Aufbaurichtlinien stehen, gelesen haben und danach den Bau durchführen lassen. Das Bühnenbuch muss immer auch vor Ort sein und dem Bauaufsichtsamt auf Verlangen vorgelegt werden. Im Baubuch des Büh-

Bühnenbuch

nendachs finden sich auch die Parameter eines sicheren Betriebs. Dies wird wichtig, wenn Wind aufkommt: Ab einer gewissen Windstärke muss das Dach heruntergelassen werden, um Sach- und Personenschäden zu verhindern.

Dreipunkt-Truss-Ecke

3.2. Tontechnik

Hier wird die Tontechnik im Produktionssinn vorgestellt.

Tontechnik   Nach der Bühnentechnik kommt die Tontechnik zur Dimensionierung auf den Tisch. Auch hier kann man viele Unterteilungen vornehmen. Der Verleihmarkt bietet zahlreiche unterschiedliche Produkte und Typen. Der Kern bleibt immer die PA, also Verstärker und Boxen beziehungsweise Lautsprecheranlagen. Wenn man nicht genau weiß, was man will, können Veranstaltungs- und Tontechniker, die Verleihfirmen oder auch Literatur und Produktkataloge bei der Auswahl helfen. Wichtigstes Klassifizierungsmerkmal ist neben Bauform und Einzelkomponentenbestückung die gewünschte Leistung in kW. Die Leistung hängt von der Größe des zu beschallenden Geländes und von der erwarteten Besucherzahl ab, da Menschen nicht nur lebende „Heizungen" (etwa 300 W) sind, sondern auch sehr gut Schall schlucken.

3. Material

> Zur groben Orientierung: Für Veranstaltungen im Freien sollten etwa 20 Watt PA-Gesamtleistung pro erwartetem Gast ausreichen.

Indoor benötigt man natürlich auch weniger Schalldruck als outdoor. Die Leistung wird fast immer auf zwei Wege (Stereo) verteilt. Aber gerade in Diskotheken haben sich Vierpunkt-Beschallungen durchgesetzt, wobei meist lediglich zwei Signalwege auf vier Beschallungspunkte verteilt werden. Diese Punkte bestehen aus einer oder mehreren Einzelboxen für verschiedene Frequenzbereiche. Bassboxen liefern die tiefen Töne, Mitteltöner die Mitten und Hochtöner die hohen Frequenzen. Die einzelnen Frequenzen werden mit aktiven oder passiven Frequenzweichen voneinander getrennt und verteilt. Je tiefer die Frequenzen, desto mehr Energie wird verbraucht und um so voluminöser und schwerer fallen die Boxen aus. Es existieren sehr viele verschiedene Bauformen und Lautsprecherkonzepte, die nur ein Tontechniker kompetent auseinander halten kann. Für kleinere Veranstaltungen bieten sich kompakte Full-Range-Boxen an, die alle Frequenzen mit Hilfe einer eingebauten Frequenzweiche über mehrere Lautsprecher abstrahlen. Im schweren Bassbereich findet man auch Motorbässe, die den Schall mechanisch erzeugen und so sehr tiefe und kräftige Frequenzen erreichen.

Frequenzaufteilung

Bei recht langgezogenen zu beschallenden Flächen sollte man überlegen, eine oder mehrere Delay-Linien zu installieren. Durch weiter von der Bühne weg aufgestellte Beschallungspunkte lassen sich Tonverzögerungen, die durch größere Entfernungen von der Urbeschallung und durch Raumreflexionen entstehen, wirksam bekämpfen. Gerade in großen Hallen kommt man meist nicht darum herum. Wenn man den Aufwand nicht scheut und einen idealen Sound haben möchte, kann man die Beschallungsfläche mit Richtmikrophonen akustisch vermessen lassen. Mit den gewonnenen Daten sind Profis in der Lage, Delay-Destroyer und andere digitale Spielzeuge so zu programmieren, dass an jedem Punkt der Veranstaltungsfläche ein annähernd perfekter Sound entsteht.

Verbesserungen, Optimierungen

Für den bedienenden Tontechniker ist der Standort des FOH sehr wichtig. Er sollte im Zentrum des Schalls liegen und nicht allzu weit weg von der Bühne stehen. Natürlich darf man auch nicht den

FOH

Kollegen vom Licht vergessen, der einen guten Blick auf die Lichtshow haben muss.

Tonmischpult

Mischpult Im Zentrum jeder Tonlage steht natürlich das Mischpult. Von hier erhält die PA ihr Signal. Für jedes Pult signifikant ist die Anzahl der Kanäle für Eingang, Ausgang und Effektdurchschliff. Es muss nicht erwähnt werden, dass viele verschiedene Typen vom Disko- bis zum Studiopult existieren. Die einzelnen Eingänge kommen meist über eine Stagebox an der Bühne per Multicore (Mehraderleitung) zum Pult. In die Stagebox werden nun, meist über XLR-Kabel, die einzelnen Bühnenmikrophone gesteckt. Die Mics sind entweder zur Abnahme der Instrumente oder direkt als Vocalmics für Stimme positioniert. Je nach Verwendung existieren sehr unterschiedliche Mics. Instrumente mit einem Ausgang (Keyboards, elektronische Musikinstrumente, mitunter auch Bassgitarren) lassen sich auch direkt mittels DI-Boxen über die Stagebox zum Pult führen. Die Abnahme der Instrumente kann bei mehreren Bands pro Bühne recht aufwendig werden. Besonders schwierig ist dies bei klassischen Instrumenten. Mit einer festen Backline, die vom Veranstalter gestellt wird, sind Umbauzeiten sehr gut zu kürzen, da die Bühnenverkabelung dann recht fest bleibt. Dies ist allerdings nur dann sinnvoll, wenn alle Bands ähnliche Backline-Anforderungen haben.

3. Material

Die im Pult angekommenen Signale der Bühneninstrumente und Mikrophonie können durch eingeschliffene Effektgeräte noch bearbeitet werden. Es ist selbstverständlich auch möglich, Einspielungen von DAT, Minidisk, CD oder sonstigen Abspielgeräten bis hin zum Full-Playback direkt ins Pult zu tätigen. Umgekehrt lässt sich natürlich auch am Pult die Show mittels Aufnahmegeräten aufzeichnen. Über so genannte Splitter kann auch eine Abnahme aller Kanäle (ADAT usw.) erfolgen.

Tonanlagenschema

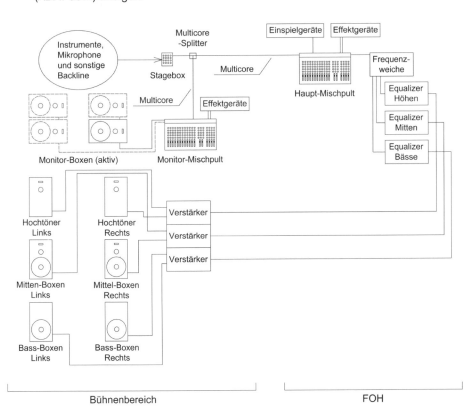

Tonschema (Beispiel)

Damit sich der Künstler auf der Bühne selber hört, muss ein Monitorsystem aufgestellt werden. Monitore sind im Wesentlichen aktive, verstärkte Full-Range-Boxen, die einzeln oder in Gruppen angesteuert werden. Aber auch Monitore mit separaten Verstärkern sind verfügbar. Man kann sie unterteilen in Wages (schräg, am vorderen Bühnenrand) und in Side-Fills (von der Seite, für Drummer). Das

Monitore

Signal für die Monitore kommt bestenfalls von einem separaten Monitormixer am Bühnenrand. Aber auch vom Hauptpult am FOH können so gut wie immer Monitore mit Input versorgt werden.

Verstärkeraufbau

3.3. Licht- und Pyrotechnik

Hier werden kurz Licht- und Pyrotechnik im Produktionssinn vorgestellt.

Die Lichttechnik wird bei vielen Veranstaltungen eher stiefmütterlich behandelt. Dabei kann man mit Beleuchtung sehr viel erreichen und die Atmosphäre der Bühne wie der gesamten Veranstaltung wesentlich prägen. Die Beleuchtungsanlagen verbrauchen auch neben der Heiztechnik den meisten Strom, so dass ein fertiges Beleuchtungskonzept elementare Grundlage für jede Stromplanung ist.

PARs   Zur Grundbeleuchtung der Bühne sollten Standardscheinwerfer wie die sehr oft im Einsatz befindlichen PAR-Leuchten verwendet werden. Diese gibt es in vielen Ausfertigungen und Leistungen (bis 1.000 W) mit verschiedenen Abstrahlwinkeln von Spot bis Flood.

3. Material

Um den Aufbau und das Handling zu erleichtern, werden häufig vier bis zwölf PARs auf so genannten BARs (Metallstangen) fest montiert und mit einem gemeinsamen Anschluss (Harting) versehen. Mit Hilfe von Farbfolien (LEE, hitzebeständig, farbcodiert), die in austauschbare Halterungen, so genannte Frames, eingelassen werden, können so gut wie alle Farben abgestrahlt werden.

Um die Leuchten zu dimmen, werden sie an Dimmerpacks angeschlossen, die wiederum mit einem Steuersignal (vorzugsweise DMX-Signal) gesteuert werden. Alle modernen Standard-Lichtmischpulte geben ein kanalbasierendes DMX-Signal aus. Jedem angesteuerten Gerät werden ein oder mehrere adressierte Kanäle zugewiesen, auf denen sich jeweils ein Signal mit 255 Stufen übertragen lässt. Sollte die Entfernung zwischen Pult und Dimmer größer als etwa 60 Meter sein, müssen Signal-Booster, die mit Netzspannung betrieben werden, in die Strecke eingebaut werden. Über DMX lassen sich auch fast alle anderen Lichtgeräte bedienen. Dazu gehören neben Nebelmaschinen, Blindern (zum Publikum gerichtete Scheinwerfersets) und Stroboskopen (schnelles Blitzlicht) auch Effektlichtgeräte.

Steuerung

Der Aufbau der Lichtanlage muss natürlich durch einen Fachmann erfolgen. Gerade die Adressierung und Abstimmung vom Pult auf Leuchten beziehungsweise Dimmerpacks sollte jemand machen, der die Geräte kennt und ausreichend Erfahrung mitbringt.

Die als Moving-Lights oder auch als Wackellampen bezeichneten Leuchten lassen sich in zwei Gruppen, in Scanner (spiegelabgelenkte Systeme) und Kopfbügler (kopfbewegte Systeme) unterteilen. Scanner können mit Hilfe eines beweglichen und steuerbaren Spiegels einen Lichtstrahl, der in Farbe und Form modifizierbar ist, in verschiedene Richtungen lenken. Bei kopfbewegten Scheinwerfern ist es möglich, die komplette Leuchte mit Bügel und Servomotoren zu lenken und fast in jeden Winkel zu positionieren. Mittels Gobos (eine Art metallisches oder gläsernes Dia) können mit Moving-Lights differenzierte Lichtmotive (zum Beispiel Bandlogos) und Stimmungen erzeugt werden. Einziger Haken bei diesen beeindruckenden Lampen, die dem Lichttechniker fast alle Beleuchtungsmöglichkeiten eröffnen, ist der recht hohe Preis bei Miete oder gar Kauf. Lichtmischpulte sind ebenfalls in zwei wesentliche Kategorien einteilbar. Mit Dimmerpulten können über ein paar Schieberegler und einige Programmiermöglichkeiten vor allem statische

Wackellampen

All Area Access

Lampen (zum Beispiel PARs) wunderbar gesteuert werden. Die aufwendigeren Scanpulte bieten Möglichkeiten der exakten Bedienung von bewegten Leuchten und lassen viele Programme und Variationen, zum Beispiel eine exakte Lichtfahrt, zu.

Verfolger

Um einzelne Personen auf der Bühne hervorzuheben, bieten sich Verfolger an. Diese Scheinwerfer, die einen stark gebündelten Spot-Strahl erzeugen, können in Höhe des FOH von einem Techniker bedient werden. Großer Nachteil ist die zusätzliche Personalkraft, die dabei gebraucht wird.

Beleuchtung der Location

Ein meist nicht beachteter Punkt ist eine Architekturbeleuchtung des Veranstaltungsorts. Dieser muss natürlich mit einer konventionellen Grundbeleuchtung ausgestattet sein, um den Gästen zu ermöglichen, sich zu orientieren und um Unfälle zu verhindern. Es lassen aber auch mit ein paar farbigen oder gar beweglichen Strahlern, die die Halle oder Bäume dezent beleuchten, erstaunliche Atmosphären zaubern. Gerade wenn sich interessante architektonische Objekte, etwa alte Industrieanlagen, Türme, Wasserspeier oder Dachkuppeln im Veranstaltungsgelände befinden, ist es ein Muss, diese ins rechte Licht zu rücken. Ideal sind dafür Citycolor-Leuchten mit wechselnden Farben. Im Outdoor-Bereich bieten sich auch Skybeamer, die einen Lichtstrahl in mehrere Kilometer Höhe schießen, zu Dekorationszwecken an – mit dem Nebeneffekt, dass Besucher die Location schneller finden.

Verbrauchsmittel

Die Lichtverleihfirma sollte man unter anderem auch daran erinnern, genügend Verbrauchs- und Verschleißmittel wie Nebelfluid und Leuchtmittel mit zur Veranstaltung zu bringen. Da die meiste Lichttechnik in das vorhandene Truss eingehängt wird, ist unbedingt zu überprüfen, ob alles ausreichend fest montiert und jedes Element mit einem kurzen Sicherheitsstahlseil (Safeties) separat gesichert ist.

Pyrotechnik

Verwandt mit der Lichttechnik ist die Pyrotechnik, bei der Feuerwerk auf oder neben der Bühne abgebrannt wird. Neben zusätzlichen Brandwachen an der Bühne benötigt man einen Pyrotechniker mit allen amtlichen Zertifikaten, um alles sicher und sauber abbrennen zu lassen. Der Spaß wird aber nicht nur dadurch sehr teuer. Theaterblitze, Feuertöpfe, Fontänen und Pyrowasserfälle können ja nur einmal verbrannt werden. Alle Effekte müssen mit einem lieber zu großen als zu kleinen Sicherheitsabstand zu Personen und Technik

3. Material

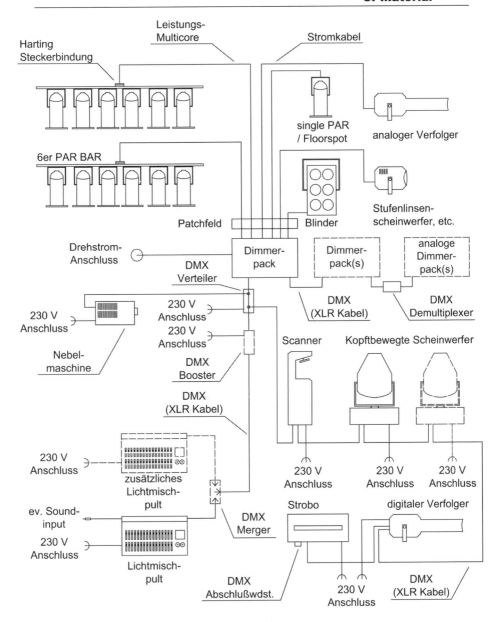

Lichtschema (Beispiel)

aufgestellt werden. Lediglich der Pyrotechniker sollte die Pyrotechnik installieren und zünden. So gut wie alle Effekte werden von einem Pult oder via Funk elektrisch gezündet. Wenn man es sich leisten kann, ist (outdoor) auch ein Höhenfeuerwerk, zum Beispiel hinter der Bühne, ein effektvolles Ereignis. Bei allen pyrotechnischen Darbietungen muss ein Antrag beim Ordnungsamt gestellt und die Feuerwehr über alle Details (Mengen, Zeiten usw.) informiert werden.

Literatur Die Themen Bühnen, Rigging, Licht- und Tontechnik sind sehr umfangreich und komplex. Da die Darstellung in diesem Buch nur recht knapp ausfallen kann, hier nur jedem Interessierten zu raten ist, sich Fachbücher anzuschaffen. Der Büchermarkt hält eine ganze Reihe guter und in die Tiefe gehender Fachliteratur bereit.

Kosten Kosten für Licht- und Tontechnik sind schwer anzugeben. Einige Verleiher von Veranstaltungstechnik oder Bühnen führen auf ihren Webseiten Mietpreislisten. Generell sollte ein Preisvergleich mehrerer Anbieter vorgenommen werden.

Es versteht sich von selbst, dass alle Technikdaten in Listen und Pläne gehören, um einen optimalen Überblick über alle Bereiche zu erhalten. Oft erkennt man erst auf einem Plan, dass etwas nicht passt oder falsch positioniert wurde.

3.4. Fuhrpark

Welche Fahrzeuge für eine Produktion benötigt werden und was es bei der Benutzung zu beachten gilt, wird hier erläutert.

PKWs Von einem Fuhrpark kann bereits gesprochen werden, wenn man einen privaten PKW zum Transportieren (Shuttlen) von Künstlern und zum Einkaufen von Kleinmaterial nutzt. Natürlich wächst die Größe des Fahrzeugbestands mit der Produktionsgröße (Materialvolumen) und mit der Anzahl der Produktionsorte. Bei kleineren Produktionen, auf denen man mit nur wenig Material arbeitet, reichen meist wenige PKWs zum Transport von Kleinmaterial, Dokumenten und wichtigen Personen wie Künstlern oder Personal. Kombis oder Vans können auch mal eine kleine PA-Anlage zum Produktionsort bringen.

3. Material

Kleintransporter

Was man bei mittleren und großen Produktionen am häufigsten benötigt, sind Kleintransporter. Diese werden in Kasten- oder Pritschenform (große Ladefläche und -höhe) als Materialshuttles und in Busform mit bis zu neun Sitzplätzen als Personen- oder Künstlershuttles genutzt. Während der Veranstaltung trennen viele Produktionsleiter den Künstler- und Produktionsbereich eines Fuhrparks. Man sollte lieber auf einen größeren und nicht spezifischen Pool an Fahrzeugen setzen, um flexibler auf ungeplante Vorgänge reagieren zu können. Dies verlangt allerdings einen pfleglichen und sauberen Umgang mit den Fahrzeugen. Zumindest die Personenshuttles sollten mit ins Reinigungskonzept aufgenommen werden.

Trailer

Bei großen Produktionen, bei denen viel und großes Material bewegt werden muss, kommen LKWs wie Trailer und Transporter zum Einsatz. Diese können bis zu 30 Tonnen transportieren. Sie sind jedoch sperrig, teuer und brauchen spezielles Personal (Trucker).

Lage des Fuhrparks

Spätestens wenn diese Dimension erreicht ist, sollte man sich gut überlegen, wo man einen Fuhrpark einrichtet. Kriterien hierfür sind die Erreichbarkeit für das Personal, Sicherheit, Versorgung mit Diesel, Benzin oder Strom, der Zugang auch für große und langsame Fahrzeuge in den Bauphasen und während der Veranstaltungsphase.

Gabelstapler

Auch Baufahrzeuge wie Gabelstapler, Steiger und Bagger gehören in einen größeren Fuhrpark. Gabelstapler sind Grundbedingung, wenn Material (Getränke, Absperrmaterial, Technik, Bühne usw.) be- oder entladen werden muss. Sie sind auch bei der Verteilung (Breitfahren), gerade auf größeren Geländen, wichtig. Die meisten Material-Gebindeformen wie Gitterwürfel und Europaletten sind für einen Transport mit Gabelstaplern optimiert. Auch einige DIN-Container oder Verkaufsstände können mit Gabelstaplern bewegt werden; dabei und bei anderen Anwendungen sind lange Gabeln (Gabelverlängerungen), die man meist separat bestellen muss, erforderlich. Gabelstapler gibt es in vielen Leistungs- und Gewichtsklassen und mit drei verschiedenen Antrieben: Diesel, Gas und Strom. Diesel sollte man vorziehen, weil Gas teilweise schwer zu beschaffen und die Leistung von Gasmotoren meist gering ist. Strom ist indoor eine schöne und saubere Sache, hat aber den Nachteil der Aufladung. Es sind schon viele Stapler dort stehen geblieben, wo gerade mal kein Drehstromanschluss war. Bei mit Strom betriebenen Gabelstaplern muss besonders auf den Ladestand und die Kraftan-

All Area Access

schlüsse am Fuhrpark geachtet werden. Die Gewichtsklasse wird nach der größten zu transportierenden Last bestimmt. Das gabelstaplerfahrende Personal ist sorgfältig zu briefen. Es kommt öfter vor, dass eine Maschine auf weichen Böden stecken bleibt. Also auf das zu befahrene Gelände achten und eventuell einen größeren geländefähigen Stapler (Radlader) oder Even-Track-Way (Metallplatten als Straßenimprovisation – meist nicht billig) bestellen. Steckt ein Gabelstapler fest, kann man versuchen, ihn mit einer größeren Maschine vorsichtig herauszuziehen. Auch Matten, Pflöcke oder Zaunelemente, unter die Antriebsräder gelegt, können taugen. Wenn alles scheitert, muss man einen Bergungsdienst bemühen. Die Telefonnummern örtlicher Firmen hierfür sollte man schon in der Vorproduktion heraussuchen. Bei dem Personal, das die Geräte bedient, ist aus versicherungstechnischen Gründen auf einen Personentransportschein oder Gabelstapler-Führerschein zu achten. Alle durch Gabelstapler angerichteten Schäden, die ohne gültigen Gabelerschein verursacht werden, müssen privat getragen werden.

Arbeitsbühnen   Arbeitsbühnen werden auch als Steiger bezeichnet und sind bei Produktionen, bei denen in der Höhe oder am Dach gearbeitet wird, (zum Beispiel Rigging), nicht wegzudenken. Diese Maschinen erlauben es, in großen Höhen komfortabel, das heißt mit Platz, sicherem Stand, teilweise Strom und Ablagemöglichkeiten zu arbeiten. Steiger lassen sich als Teleskop- oder Scherenarbeitsbühnen mieten, die entweder fahrbar – manchmal auch in ausgefahrenem Zustand – oder als Anhängervariante angeboten werden. Besonders beachten sollte man die mögliche Arbeitshöhe, das zulässige Gewicht, die Ausfahrgeschwindigkeit und den Bewegungsradius in der Höhe. Die meisten Steiger werden hydraulisch über Stromkompressoren angetrieben. Man benötigt also wieder, wie bei den Stromgabelstaplern, einen Stromanschluss in der Nähe des Einsatzortes beziehungsweise am Lagerort. Einige Geräte werden auch mit einem Dieselaggregat offeriert; diese sind vorzuziehen, wenn es das Budget erlaubt.

Kräne   Kräne werden selten, aber überall dort eingesetzt, wo viel Material, das allerdings eine stabile Gebindeform benötigt, auf schlecht befahrbares Gelände (weiche Böden, größere Höhen) transportiert werden muss. Eine Kranstellung ist meist recht kostspielig, denn es muss dann auch ein separater Kranführer beschäftigt werden. Neben den häufig auf Großbaustellen eingesetzten festen Drehkrä-

3. Material

nen gibt es kleinere, preiswertere und mobile Kräne, die einen Aktionsradius von bis zu etwa 40 Metern erreichen. Bei längeren Produktionen sollte man separat für den Auf- und Abbau Baumaschinen mieten, um die Kosten niedrig zu halten. Die Anzahl der einzelnen Geräte im Fuhrpark wird selbstverständlich vom Produktionsumfang, von den eigenen Erfahrungen und vom Bedienpersonal bestimmt.

Gerade bei den Spezialfahrzeugen wie Gabelstaplern oder Steigern hängen die Geschwindigkeit und Perfektion der zu leistenden Arbeiten wesentlich vom Fahrzeugführer ab. Es lohnt sich eher, einen besseren, dafür aber teueren Bediener anzuheuern, als stärkere und damit preisintensivere Fahrzeuge zu mieten.

professionelle Bedienung

Für jedes Fahrzeug muss nicht immer ein Fahrer verfügbar sein, man sollte vielmehr einen Pool von Leuten (Runnern, siehe 4.3. – professionelle Kräfte) bilden, die sich über die Fahrzeuge verteilen. Ein Fuhrparkchef sollte nicht nur das Personal in seinem Teilbereich effektiv einsetzen, sondern auch eine transparente Ordnung im Fuhrpark halten und alle Schlüssel der Fahrzeuge verwalten, jede Nutzung in Listen erfassen, den Verbrauch an Diesel und Strom sicherstellen und kontrollieren sowie im Falle eines Defekts eine Reparatur einleiten.

Fuhrparkchef

3.5. Hardware

In diesem Abschnitt wird schweres Produktionsmaterial vorgestellt und seine Dimensionierung betrachtet. Dazu gehören Sanitärcontainer, Mobiltoiletten, Absperrmaterial und Aggregate.

Unter Hardware fällt alles Veranstaltungsmaterial, das groß und sperrig ist. Dies sind unter anderem Absperrmaterialen wie Zäune, Barricades, Gitter oder Schleusen, Container, Strom-Aggregate, Zelte, Kühl- und Heiztechnik.

Was ist Hardware?

Überall wo die gegebenen Räumlichkeiten der Location nicht ausreichen beziehungsweise einfach nicht vorhanden sind wie bei Open-Air-Flächen, benötigt man Raum-Container. Diese in den Standardmaßen von 6.058 x 2.438 x 2.610 mm (DIN) gefertigten Stahl-/Alu-/Blech-Konstruktionen sind nützliche Behausungen. Als fertige Zimmer mit Möbeln kann man sie als Produktionsbüro, Arbeitsräume, Kassenhäuschen, Sanitäranlage (es gibt spezielle Con-

Container

tainer mit Duschen, WCs und Waschgelegenheiten) oder einfach leer und ohne Fenster als Materiallager verwenden. Je nach Funktion sind sie in verschiedenen Typen lieferbar und lassen sich miteinander kombinieren. Es ist auch möglich, sie zu komplexen Häusern zusammenzusetzen. Um Platz zu sparen und einen Beobachtungspunkt zu errichten, kann man sie auch übereinander stapeln.

Container lassen sich gut als Produktionsbüro oder Arbeitsraum verwenden

Einlassplanung Zu jeder Einlassplanung gehört eine Standortbetrachtung der Einlasshäuschen: Wo können die Gäste bequem Karten oder Bändchen erwerben beziehungsweise abholen, ohne dass sich lange Einlassschlangen bilden? Besucher lange warten zu lassen, ist prinzipiell nicht schön, aber noch schlimmer ist es, wenn die Einlasstraube wichtige Zufahrtswege blockiert. Also sollten Einlassbereiche immer großzügig bemessen werden. Der Querschnitt des Abfertigungsbereichs und die Zahl der Kassenkräfte sind hierbei entscheidend. Da mit Bargeld und Karten umgegangen wird, sollten die Einlassbauten sehr stabil und vor allem abschließbar sein. Eine gute Wahl sind halbe DIN-Container mit einer großen Fensterfront. Einige Containervermieter bieten auch direkt Einlassbehausungen an.

> Pro tausend erwarteter Gäste sollte ein Kassenplatz (> 1 m) mit ein oder zwei Kassenkräften errichtet werden.

Besser ist es, die Einlasshäuschen zu streuen und an verschiedenen Punkten aufzustellen, als sie in einer Reihe oder als Block zu installieren. So wird die Einlasstraube zerschlagen oder doch besser verteilt.

3. Material

Bei jeder Containerstellung ist ein ebener und stabiler Baugrund wichtig. Unebenheiten der ins Auge gefassten Stellfläche sind mit Holz- oder Steinplatten auszugleichen. Auch die Baufreiheit muss gewahrt werden: der Trailer mit den Containern muss an die Stellfläche heranfahren können und dort ausreichend Fläche und Höhe zum Stellen der Container vorfinden. Um eine Versorgung mit Strom zu realisieren, sind außen an fast allen Containern 63-A-CEE-Drehstromanschlüsse (männliche Charakteristik) installiert. Der großzügige Stromwert von 63 A ermöglicht ein Schleifen (in einer Kette anschließbar) von mehreren Bürocontainern von einer Zuleitung aus. Vorsicht bei Sanitärcontainern mit elektrischem Wasserboiler und elektrischen Heizungen: hier sollte wegen des erhöhten Energieverbrauchs jeder Container eine eigene 63-A-Zuleitung erhalten. Darüber hinaus ist jeder Container, der einen Stromanschluss bekommt, mit einem Tiefenerder zu erden.

Containerstellung und Stromanschluss

Bei Sanitärcontainern stellt das Wasser das größte Problem dar. Frischwasser ist in einzelnen Toilettencontainern bei einer Zuleitung in näherer Umgebung meist leicht zu bekommen. Schwierig wird es, wenn eine Wasserzuleitung über mehrere hundert Meter Entfernung realisiert werden muss oder man mehrere Duschcontainer versorgen will. Ist der Druck der Quelle (meist Hydranten) nicht stark genug, muss man auf Pumpen zurückgreifen. Wenn selbst das nicht ausreicht, kann man mit größeren Zwischenbehältern Wasser für die Stoßzeiten in der Frühe und am Abend sammeln. Auf jeden Fall ist der lokale Netzmeister der Wassergesellschaft zu konsultieren. Er hat auch die Pläne mit den exakten Standorten der Wasserentnahmestellen und den jeweiligen Druckverhältnissen. Um Hydranten nutzen zu können, benötigt man Standrohre, die einfach aufgesetzt werden und über eine Wasseruhr zur späteren Abrechnung mit dem Wasserwerk verfügen. Die Kosten für das Wasser sollte man nicht unterschätzen; es können schnell mehrere tausend Euro werden. Wenn die genutzten Hydranten sich auf öffentlichen Straßen befinden, kommt das Problem der Verkehrssicherung beziehungsweise einer Straßensperrung hinzu.

Frischwasser

Auch beim Abwasser kann es schwierig werden, da Einlasspunkte in das Abwassersystem nicht immer direkt an den Containern liegen. Wichtig ist natürlich das Gefälle, das Abwasserrohre benötigen. Weil Pumpenlösungen mehr als aufwendig sind, sollte ein Schacht gegraben und notfalls unterirdisch an einen Abwasserkanal angedockt werden. Prinzipiell ist eine Einleiterlaubnis der

Abwasser

All Area Access

lokalen Wasserbehörde einzuholen. Sollte es nicht anders gehen, kann auch ein Behälter unter die Sanitärcontainer gesetzt werden, der regelmäßig einmal am Tag abgesaugt werden muss.

Hilfe von Verleihern
Größere Containerverleihfirmen übernehmen auch alle Formalitäten rund um den Anschluss ihrer Produkte vor Ort; allerdings gegen einen Aufpreis. Anderenfalls sollten Klempnerfirmen für die Zu- und Abwasseranschlüsse beauftragt werden.

Standort
Generell ist die Standortplanung der Container, besonders der Sanitärcontainer, von entscheidender Bedeutung. Am besten macht man sich erst einen Medien-Plan für die Standorte von Strom, Wasser, Abwasser, Telefon usw. und sucht dann nach geeigneten Positionen für die Sanitärinseln.

Mobiltoiletten
Einfacher zu handhaben als die größeren Container sind Mobiltoiletten, so genannte „Dixis". Da diese Trocken-Chemie-Plastiktoiletten keinerlei Medienanschlüsse benötigen, sind sie fast überall aufstellbar. Hinzu kommen ihr geringes Gewicht und ihr geringer Platzbedarf. Sie können einfach mit einem Gabelstapler transportiert werden und benötigen keinen optimalen Baugrund. Natürlich sind sie nicht so komfortabel wie Wasserklosetts, aber wesentlich einfacher handelbar. Wichtig ist eine tägliche Absaugung und Reinigung aller Mobiltoiletten. Nicht vergessen werden sollte die ausreichende Beleuchtung der Toiletteninseln – am besten mit einfachen Bauflutern.

Kurze Wege
Bei kleineren Eintagesveranstaltungen reichen oft ein paar Mobiltoiletten aus. Bei größeren Events sollte es eine oder mehrere zentrale Sanitärinseln mit Wassertoiletten, Duschen und Waschgelegenheiten geben und verstreut an den Außenrändern der Geländes Mobiltoiletten. Ein Gast sollte nie mehr als 100 Meter Weg zur nächsten Toilette zurücklegen müssen. Andernfalls danken es gerade männliche Besucher mit Beschmutzungen des Veranstaltungsgeländes.

> Wenn nicht anders vom Ordnungsamt vorgegeben, sollten pro 100 Gäste je eine Männer- und eine Frauentoilette vorhanden sein.

Sanitäranlagen für Zeltplätze
Einen großen Bedarf an Sanitäreinrichtungen haben natürlich Zeltplätze (siehe auch 6.1. – Park- und Zeltplätze für Veranstaltungen).

3. Material

Hier sollten zusätzlich zu den Toiletten noch Duschen und Waschgelegenheiten errichtet werden. Die Anzahl der benötigten Duschen richtet sich nach den Toiletten: so sollten optimal pro 100 Gäste eine Dusche für männliche Besucher und eine für weibliche Besucher sowie zwei Waschplätze mit Spiegel vorhanden sein. Ob man seine sanitären Einrichtungen nach Mann und Frau trennt, bleibt jedem selber überlassen. Es ist natürlich sinnvoll, aber es gab Festivals, auf denen ein paar Container bewusst für alle Geschlechter zugänglich waren.

Zum Abtrennen unterschiedlicher Bereiche und Flächen wird Absperrmaterial verwendet. Hier existieren im Wesentlichen zwei Hauptgruppen: die allgemein bekannten Bauzäune (3,5 Meter lang und 2 Meter hoch, Typ „Heras") und die als Bühnengraben bekannten Barricades (einen Meter lang und einen hoch). Bauzäune sind wegen des geringen Preises – oft unter einem Euro pro Meter –, der hohen Verfügbarkeit und des recht schnellen Aufbaus sehr beliebt, um Abtrennungen vorzunehmen.

Absperrungen mit Bauzaun

Mit zehn Hands und zwei Gabelstaplern kann man je nach Gelände und Personal etwa 100 Meter Bauzaun in zirka 45 Minuten errichten. Dabei fahren zwei Hands die Gabelstapler, einer mit den Füßen und einer mit den Zäunen beladen, zwei Hands stellen die Füße, zwei den Zaun in die Füße, wiederum zwei bringen Verbindungsschnallen an und zwei weitere Hands montieren den Sichtschutz. Einem Staplerfahrer gibt man ein Funkgerät, und fertig ist die Zaun-Sidecrew.

Aufbaumodell für Bauzaun

Wenn im Freien Sichtschutz (Plastikplanen) verbaut werden soll, ist es sinnvoll, kleine Löcher in die Plane zu stanzen, weil der Wind sonst die gesamte Zaunbreite als Angriffspunkt nutzt und ihn zum Einstürzen bringen kann. Aus demselben Grund sollte der Sichtschutz unten umgeschlagen werden. Indoor hat man diese Probleme nicht. Bei längeren, geraden Zaunstrecken bietet es sich an, mit drei Zaunelementen quer zum Zaun Dreiecke zu bauen, um die Stabilität erheblich zu verbessern.

Sichtschutz

Die schweren Barricades ermöglichen Absperrungen, ohne die Sicht zu blockieren. Dadurch eignen sie sich für Bühnengräben, FOH-Abgrenzungen, Wellenbrecher, Verfolgerplatz- und Kameraplatz-Absperrungen. Die Mietpreise für dieses Material liegen bei etwa 10 Euro pro Meter und sind damit erheblich teurer als schlichter Bauzaun. Auch der Auf- und Abbau ist wesentlich aufwendiger und braucht ungefähr die dreifache Zeit wie gleich lange Zaunstrecken. Von

Barricades

All Area Access

entscheidender Bedeutung für die Effizienz von Barricades sind der ebene, stabile Baugrund und die fachgerechte Verbindung der Einzelelemente. Gerade beim Einsatz als Wellenbrecher, wobei der Druck der Besuchermasse durch Querabsperrungen verringert wird, sind eine feste Verschraubung aller Elemente und die Verankerung im Boden, zum Beispiel durch Erdnägel, lebenswichtig.

Wellenbrecher — Wellenbrecher sollten bei Massen von mehreren tausend Gästen eingesetzt werden und mindestens 12 Meter vom Bühnengraben entfernt stehen. Es ist darauf zu achten, dass keine Fluchtwege, Feuerlöscher oder Hydranten zugebaut werden.

Einlassschleusen — Wenn nicht direkt Einlassschleusen geordert wurden, kann mit Barricades ein Schleusensystem imitiert werden. Dazu lässt man einfach Lücken in einer Absperrlinie. Besser ist es, wenn man zwei Barricades gegeneinander um 90 Grad dreht und nach vorn einen weiteren stellt. So entsteht eine Reihe mit U-förmigen Inseln, zwischen denen die Besucher hindurch müssen. In die Inseln können Security-Posten gesetzt werden.

Hamburger Gitter — Eine leichtere, einen Meter hohe Alternative zu den schweren Barricades stellen die so genannten „Hamburger Gitter" dar. Die schnellere Aufbauzeit, etwa halb so lang wie beim Bauzaun, und der niedrigere Mietpreis, rund 4 Euro pro Meter, wird mit einer festen Länge von drei Metern sowie einem niedrigeren Gewicht und damit einer geringeren Druckfestigkeit bezahlt.

Mobilstrom — Überall da, wo nicht ausreichend Feststrom vor Ort ist, benötigt man mobile Strom-Aggregate. Zunächst gilt es, den Strombedarf so genau wie nur möglich zu erfassen. Hauptverbraucher sind fast immer die Veranstaltungstechnik und die Gastronomie. Die Leistung ergibt sich aus dem Produkt von Spannung (230 V) und Stromstärke.

Aggregatstellung — Das Drehstromstecksystem ist auf feste Stromgrößen (16 A, 32 A, 63 A, 125 A) genormt, so dass beispielsweise bei einem 32-A-CEE-Starkstromanschluss (230 V * 3 Phasen * 32 A =) 22 kW benötigt werden. Eine wichtige Größe für die Belastung der Maschinen ist die Laufdauer jedes einzelnen Aggregats. Auch die benötigten Kabel gilt es zu planen. Am besten nutzt man einen Grundriss, zeichnet seine Kabelwege ein und summiert die Längen. Die Standorte der Aggregate sollten genau betrachtet werden. Wie bei Containern benötigt man Baufreiheit und eine gute Anfahrtsmöglichkeit zum Liefern und

3. Material

Betanken. Gerade bei älteren Geräten kann die Schallbelastung die Veranstaltung stören, deshalb sollten sie einen Standort außerhalb des Geländes erhalten. Natürlich muss auch in Notfällen das Stromteam (siehe 4.3. – professionelle Kräfte) schnell an der Maschine sein. Wirtschaftlich interessant sind eine Diesel-Verbrauchsschätzung und die daraus aufstellbare Kostenschätzung. In die Planung gehört auch die Lösung des Betankungsproblems. Wenn nicht die Möglichkeit besteht, mit Tankfahrzeugen zu arbeiten, kann ein fester und gefüllter Tank neben den Aggregaten aufgestellt werden.

Jedes gestellte Gerät muss mittels eines Tiefenerders, ein etwa ein Meter langer Metallstab, geerdet werden.

Strom-Aggregate sind in verschiedenen Ausfertigungen lieferbar. Wenn nur wenig Strom (< 10 kW) gebraucht wird, reicht ein Stromerzeuger aus dem nächsten Baumarkt. Alles was darüber hinaus geht, sollte man sich von einer professionellen Firma stellen lassen. Aggregate haben Leistungen vom niedrigen zweistelligen bis zum hohen dreistelligen Kilowatt-Bereich. Auch einige Maschinen im Megawatt-Bereich wurden gebaut. *Leistungsklassen*

3.6. Zelte

Vor- und Nachteile von Zelten auf Veranstaltungen werden in diesem Abschnitt erläutert.

Wo Räumlichkeiten fehlen und Container zu sperrig und zu klein sind, können Zelte angestellt werden. Viel Platz, wenig Ansprüche an die Stellfläche, ein recht schneller Auf- und Abbau und moderate Preise sind wesentliche und nicht zu verachtende Vorteile. Probleme gibt es, wenn das Zelt beheizt werden soll, da die Zeltwände kaum dämmen und das Zeltmaterial teilweise brennbar ist. Wenn in Zelten Musik gespielt werden soll, kommt das Handicap der dünnen Wände ins Spiel. Es ist kaum eine Lärmschutzauflage einhaltbar. *Zelte*

Ein weiterer Nachteil liegt in der denkbar schlechten Sicherheit: wertvolle Gegenstände oder Technik, die sich im Zelten befinden, müssen permanent bewacht werden. Ein Umstellen mit Bauzaun erhöht die Integrität des Zeltes. Es existieren zwei Arten der Stellung: mit Erdnägeln, wobei auf einen Zeltboden verzichtet werden kann, der einen zusätzlichen Kostenfaktor darstellt und die Stabilisierung *Integrität des Zeltes* mit Schwerlastboden ohne eine Verletzung des Bodens. Wenn man Erdnägel nutzen will, muss man sich kundig machen, was für Leitungen im Boden liegen, um diese nicht zu verletzen. Die Nägel werden meist über einen Meter tief in die Erde geschossen.

Mietpreise Zelte können in fast allen Abmaßen gemietet werden. Bei der Bestellung sollten die Farbe der Zeltplane, Zugänge und transparente Fensterstellen abgeklärt werden. Die Preise schwanken recht stark und liegen momentan bei etwa 5 bis 10 Euro pro m² inklusive Transport, Auf- und Abbau.

amtlicher Antrag Da Zelte als „fliegende Bauten" beim Bauordnungsamt klassifiziert sind, ist es notwendig, das Aufstellen zu beantragen (siehe 2.7. Anträge, Formulare und Gebühren). Bei Abnahmen muss das Zeltbuch (eine Art Betriebsanleitung mit technischen Zertifikaten), wenn vorhanden, vor Ort sein und im besten Fall ein Vertreter der Zeltverleihfirma.

Veranstaltungszelt

3.7. Heiztechnik

Die Dimensionierung von Heiztechnik wird hier vorgestellt.

Heiztechnik Bei Veranstaltungen in den kalten Monaten des Jahres wird Heiztechnik unerlässlich. Container haben meist eine fest eingebaute, strombetriebene Heizung. Für kleinere Räume wie Backstage, Büros oder Einlassbehausungen bieten sich Radiatoren an, die Strom (1 bis 2 kW) direkt in Wärme umwandeln. Da der Verbrauch nicht unerheblich ist,

3. Material

muss elektrisch betriebene Heiztechnik in das Stromkonzept integriert werden. Wenn Strom fehlt, gibt es die Alternative, mit Propangas und entsprechenden Heizern Wärme zu erzeugen. Vorsicht mit der Brandlast und der Atemluft, da durch jede Verbrennung immer CO_2 (Kohlendioxid) und CO (Kohlenmonoxyd) entstehen.

Für größere Räume empfehlen sich industrielle Lösungen aus der Baubranche. Dort werden sie für Bautenaustrocknungen und zur Beheizung von Bauarbeitsplätzen verwendet. Mobile Warmlufterzeuger können von 15 bis 150 kW alle Heizleistungen abdecken. Pro 10 m^2 Fläche sollte 1 kW Heizleistung ausreichen. Die Höhe der Räumlichkeiten spielt eine große Rolle, da Wärme immer nach oben steigt.

Dimensionierung

Größere Geräte sollten im Freien stehen und die Wärme mit einem Warmluftschlauch nach innen gebracht werden. Moderne Geräte besitzen ein Thermostat zur automatischen Temperaturregelung. Fast alle Geräte werden mit Heizöl betrieben. Es müssen ähnliche Überlegungen zu Standort, Betankung usw. getroffen werden wie bei den Stromaggregaten. Auch ein Stromanschluss für die elektrischen Komponenten muss am Heizgerät verfügbar sein. In extremen Fällen wie bei 10.000-Mann-Hallen lässt sich mit mobilen Warmluft-Heizzentralen mit Leistungen von 200 bis 1.000 kW arbeiten. Diese Maschinen werden als Container geliefert und führen die Wärme mit Schläuchen in die Halle.

größere Anlagen

Für eine 100-kW-Maschine muss um die 10 Liter Heizöl pro Betriebsstunde gerechnet werden. Fast immer wird ein externer Tank benötigt. Öltanks von 1.000 bis 20.000 Litern Fassungsvermögen sind verfügbar.

Verbrauch und Tanks

In Deutschland weniger benötigt, aber auch mietbar, sind Kühlgeräte mit Leistungen um die 2 kW. Diese werden lediglich an heißen Tagen in Backstage-Räumen eingesetzt.

Kühlgeräte

3.8. Bestuhlungen

Worauf bei einer Bestuhlung zu achten ist, wird hier kurz erläutert.

Bestuhlungen für klassische Konzerte oder Bälle gilt es gut vorzubereiten. Unerlässlich ist dabei ein übersichtlicher Bestuhlungsplan, am besten in CAD. Ausgehend von der zu erwartenden Besu-

Beinfreiheit beachten

cherzahl und der Orientierung zur Bühne oder Tanzfläche ordnet man die Stühle und eventuelle Tische möglichst einfach und logisch, um den Aufbau nicht zu komplizieren. Besonders zu beachten sind die möglichst große Beinfreiheit (80 cm) und die Wahrung aller Fluchtwege. Ein größerer Abstand zwischen den Stuhlreihen macht es den Besuchern auch leichter, den Platz bei voller Besetzung zu verlassen. Bevor der Plan ausgearbeitet werden kann, sollte geklärt werden, welche Abmaße die Stühle und Tische haben.

Beschaffung Bestuhlungen sind bei einigen Bühnenbau-, Veranstaltungstechnik-, Absperrmaterial- und natürlich bei Messebaufirmen – meist die teuerste Variante – zu mieten. Auch einige Veranstaltungshäuser verfügen über mobile mietbare Bestuhlungen. Die Preise schwanken stark zwischen einem und acht Euro pro Stuhl und Veranstaltung, da der Markt recht klein ist. Wichtig zu hinterfragen sind die Anlieferung, die Optik und die Gebindeform.

Aufbau Praktisch sind Stühle, die man ineinander verhaken kann, um stabile Reihen zu erzeugen. Ein Auge sollte man ständig auf die wesentliche Erhöhung der Brandlast haben. Bestuhlungen aus Metall sind Plastikvarianten vorzuziehen. Den Aufbauaufwand sollte man mit zwei Mann und einer halben Stunde für 100 Stühle ansetzen. Dieser Wert hängt aber in hohem Maße von der Anordnung und der Aufstellweise der Bestuhlung ab.

Bestuhlungsbeispiel

3. Material

3.9. Küchen

Hier findet man Informationen zu den Besonderheiten bei Küchen für allgemeines Veranstaltungs-Catering.

Äußerst praktisch für das Catering sind Küchen beziehungsweise Küchentechnik vor Ort. Wenn es an geeigneten Räumen fehlt, lassen sich auch Zelte hierfür einsetzen. Die Planung sollte immer mit dem Catering-Gastronom zusammen erfolgen, da nur er die genauen Ansprüche kennt. Prinzipiell benötigt man Lagerplatz, Kühlmöglichkeiten, Herde, Anrichtplätze, Warmhalteplätze, Abwaschmöglichkeiten und eventuell Eiswürfelmaschinen. All diese Geräte beanspruchen einiges an Strom und Wasser. Bei der Standortwahl spielen neben den Medienanschlüssen auch die Erreichbarkeit für die Crew und Anfahrtsmöglichkeiten eine Rolle. Gerade bei der Nahrungszubereitung mit Hitze sind Feuerlöscher bereitzustellen. Darüber hinaus ist natürlich auf penible Hygiene – auch die Gesundheitsausweise des Küchenpersonals gehören dazu – und frische Zutaten zu achten.

Küchen

Mieten kann man Küchengeräte bei Gastronomiefirmen und bei einigen Getränkelieferanten. Die Preise dafür sind denkbar unterschiedlich und gehen oft in den vierstelligen Bereich. Allerdings werden fast immer Querdeals mit dem Gastronomen für das Catering abgeschlossen, so dass die realen Kosten gering bleiben.

Küchengeräte

3.10. Funk

Sinn und Zweck von Funkgeräten und die Funkplanung werden im folgenden Abschnitt behandelt. Dabei finden auch Aspekte der Funkdisziplin Beachtung.

Ein wichtiges Element zur veranstaltungsinternen Kommunikation sind Funkgeräte. Schon bei mittleren Veranstaltungen mit nur ein paar hundert Gästen sollte ein Funksystem eingerichtet werden. Das A und O ist die Leistungsfähigkeit der Geräte, die sich in Reichweite, Verfügbarkeit, Abhörsicherzeit, Lade- und Entladezeit, Robustheit und einer einfachen Bedienung ausdrückt. Aus umfangreicher Erfahrung kann man zu Geräten im VHF/UHF-Bereich, zum

Funkgeräte

All Area Access

Beispiel die Motorola-GP-Reihe, raten, die eine Entfernung von vielen hundert Metern überbrücken und sehr zuverlässig arbeiten.

Motorola-Funkgerät

Bündelfunk   Eine recht neue und interessante Gerätegruppe sind Bündelfunkgeräte, die über das GSM-Mobiltelefon-Netz eine Kommunikation über größere Entfernungen ermöglichen. Jedes Gerät wird dabei wie ein Handy angewählt. Allerdings können immer nur zwei Personen miteinander sprechen; ein Mithören aller ist nicht möglich.

Zubehör   Bei allen Funkgeräten ist viel nützliches, aber auch nutzloses Zubehör verfügbar. Zu den sinnvollen Utensilien gehören Ersatzakkus, Schnellladestationen, Gürtelclips, Headsets und Handbedienteile. Gerade Headsets sind unerlässlich in lauter Umgebung, also hier bei bühnennahen Arbeitsplätzen. Der Mietpreis für ein Gerät liegt zwischen fünf und zehn Euro pro Tag. Das Zubehör gibt es bei der Miete von mehreren Geräten über mehrere Tage meist kostenlos dazu. Von großer Wichtigkeit ist eine rechtzeitige Bestellung der Funktechnik, etwa zwei Wochen vorher, denn die benötigten Frequenzen müssen vom Verleiher beantragt und freigeschaltet werden.

Wie funken?   Die Funknetzstruktur ist fast immer Halb-Duplex, das bedeutet, nur einer kann pro Kanal sprechen, und alle hören mit. Zum Sprechen drückt man einfach die Sprechtaste und nennt den Namen des Kollegen, den man gern sprechen würde und dann seinen eigenen, zum Beispiel „Alex für Rob". Danach sollte der Angefunkte kurz mit „hört" oder besser „Alex hört" bestätigen. Anschließend kann man seine Botschaft übermitteln. Wichtig ist, dass man erst die Sprechtaste betätigt und dann spricht, ein häufiger Anfängerfehler. Da bei einem Gespräch kein anderer Funkträger sprechen kann, sollte man seine Mitteilungen kurz und präzise halten. Alle anderen Funkteilnehmer hören jedes Gespräch mit, was einen enormen Vorteil bedeutet. Rund ein Drittel aller Probleme klärt sich über das Mithören aller Beteiligten, zum Beispiel wenn jemand einen Schlüssel sucht und der Schlüsselträger das Gespräch mithört. Auch sind Mitteilungen an das gesamte Personal möglich. Dies ist auch der wesentliche Vorteil gegenüber Handys. Als Funkteilnehmer hat man ständig das Gefühl, mit allen anderen an einem großen Tisch zu sitzen und sich zu unterhalten, obwohl man an ganz unterschiedlichen Stellen arbeitet.

Wenn über Funk allzu heftig gescherzt oder Unsinn betrieben wird, etwa das Funkgerät an einen Lautsprecher gehalten und ein Kanal mit Musik geflutet, sollte der Produktionsleiter ein kurzes, scharfes „Funkdisziplin" durchgeben, um das Funktionieren dieses wichtigen Arbeitsmediums zu wahren. Mitarbeitern, die es übertreiben und sich nicht an die Funkdisziplin halten, muss das Gerät abgenommen werden. Es gibt auch einige delikate Dinge, die nicht über Funk besprochen werden sollten. Dazu gehört alles, was mit Geld zu tun hat, vertrauliche Vorgänge und heftige verbale Maßregelungen. *Funkdisziplin*

Bei der Funkplanung gilt es, zunächst die Anzahl der benötigten Geräte zu ermitteln. Dazu ist ein fertiger Personalpostenplan erforderlich. Rund 25 bis 50 Prozent des Personals sollten mit Funk ausgestattet sein. Das hängt natürlich stark von der Art der Veranstaltung und der Location ab. Auf jeden Fall der Produktionsleiter, seine Assistenz, alle Stagemanager, alle Bereichsleiter, mindestens ein Künstlerbetreuer, rund die Hälfte der Security-Kräfte, jeweils einer aus jedem Handteam, Teile der Gastronomie und jeweils ein Vertreter der verschiedenen Rettungskräfte müssen ein Funkgerät erhalten. Bei allen professionellen Funkgeräten können mehrere Kanäle geschaltet werden. Ab 20 Funkteilnehmern bietet es sich an, mehrere Kanäle freischalten zu lassen. So kann man beispielsweise einen Produktions-, einen Security- und einen Gastronomiekanal zur Verfügung stellen. Mehr als fünf Kanäle sind jedoch nicht sinnvoll. Jedem Teilnehmer sollte bei der Aushändigung des Geräts kurz die Funktionsweise erklärt werden. Alle Geräte sollten nach jedem Tag zurückgeben werden, um die Akkus zu laden und um die Vollständigkeit zu prüfen. Da der Wert eines Geräts fast immer bei über *Funkplanung*

All Area Access

1.000 Euro liegt, sollte man sich mit dem Vermieter über einen Versicherungsschutz unterhalten und natürlich auf die Geräte gut aufpassen.

„Wenn eine Veranstaltung das Funken braucht, ist sie schlecht vorbereitet." (Worte eines guten Freundes). Drastisch gesagt heißt das, dass bei einer theoretisch perfekt geplanten – so aber leider praktisch nicht realisierbaren – Veranstaltung kaum interne Kommunikation nötig wäre, weil die Crew wie programmiert völlig autark arbeiten würde.

Funkübergabeprotokoll

Hier ein praktisches Funkübergabeprotokoll, das jeden Tag von jedem Funknutzer und der Produktionsleitung ausgefüllt und unterschrieben werden sollte:

Funkgerätübergabeprotokoll

Hiermit übernehme ich:

.... Funkgeräte .... separate Akkus

.... Handbedienteile .... Headsets

Nummern der Geräte: ....

Ort: .... Datum: .... Zeit: ....

Name des Nutzers: ....

Adresse: .... Tel.: ....

.... Job: ....

....

Ausgehändigt von (voller Name): ....

Voraussichtliche Zeit der Rückübergabe (Datum / Zeit): ....

Der Nutzer haftet für Beschädigung oder Verlust der ihm angetrauten Funkgeräte und des Zubehörs. Die Geräte müssen täglich zurückgegeben werden! Die ausgehändigte Technik ist auf verlangen der Produktionsleitung unverzüglich rückzugeben. Die Verteilung der Geräte und die Funkdisziplin obliegen der Produktionsleitung.

Unterschrift Nutzer für Übergabe: ....

Rückgabe vollständig: ☐   wenn Nein, was fehlt:........................

Ort / Datum / Zeit der Rückgabe: ....

Name des Rückgebers: .... Name des Rücknehmers: ....

Unterschrift Produktionsleitung für Rückgabe: ....

Funkgerätübergabeprotokoll (Beispiel)

3.11. EDV

Möglichkeiten von Rechnern und Netzwerken vor Ort auf Produktionen.

Ebenfalls zum Material gehören Computer. Gerade wenn sehr viel digital erarbeitet wurde, muss ein Computer vor Ort stehen. Äußerst praktisch ist ein Drucker, mit dem aktuelle Pläne und Listen gedruckt werden können und gleich zur Hand sind. Auch andere Bereiche wie Presse oder Booking benötigen fast immer einen Computer vor Ort. Mit einem Internetzugang können E-Mails und aktuelle Wetterdaten verfügbar gemacht werden.

Rechner

Im Vormarsch befinden sich auch LAN-Netzwerke auf größeren Baustellen, mit denen man zum Beispiel Daten von der Kasse über die aktuelle Besucherzahl bekommen oder die aktuellen Spielzeiten der Bühnen abrufen kann. Weiterhin möglich ist auch ein digitales Ein- und Auschecken des Personals, zum Beispiel über einen Barcode auf den Pässen, das eine genaue Stundenabrechnung erlaubt. Praktisch sind permanent geführte Listen über Schlüssel-, Fuhrpark- und Funkgeräteausgaben.

Netzwerke

Um den Aufbaustress von PCs vor Ort zu verringern sind Notebooks günstig. Sie können bei Händlern gemietet werden, wenn privat nicht genügend vorhanden sind. Wichtig ist immer, alle Daten und benötigten Programme auf CD oder anderen Massenspeichermedien mitzunehmen. Auch an ausreichend Kabel, etwa für einen Modem- oder Druckeranschluss, und entsprechende Kabellängen ist zu denken.

vor Ort

3.12. Kleinmaterial und Pässe

Was für Kleinmaterial benötigt wird, soll dieser Abschnitt verdeutlichen. Auch die Thematik Passplanung ist hier zu finden.

Häufig vergessen, aber durchaus wichtig ist das Kleinmaterial. Dies fängt im Produktionsbüro vor Ort mit Büromaterial an und hört beim Abflussreiniger auf. Auch im Backstage-Bereich benötigt man viel Kleinmaterial in Form von Aschenbechern, Decken, Spiegeln und in Ridern stehende Anforderungen. Im Bühnenbereich sollten sich

Kleinmaterial

All Area Access

immer ein Eimer mit Lappen und ein Besen befinden, um die Bühne sauber zu halten, ansonsten ist hier natürlich mehr das Technikmaterial interessant. Man sollte auf alle Eventualitäten gut vorbereitet sein, da man vor Ort meist nur wenig Zeit zum Improvisieren hat. Hinzu kommt, dass die meisten Veranstaltungen am Wochenende stattfinden, an dem jeder Baumarkt oder Supermarkt geschlossen hat. Mindestens eine Woche vor Aufbaubeginn muss eine Liste mit allen Bedarfsmengen, sortiert nach Einsatzorten, fertig sein (siehe Anhang 1 - Materialcheckliste).

Bedarfsmengen Zuerst sollte man sich einen Überblick über alle Posten, die nötig sind, verschaffen und dann, meist nach Gefühl, die Bedarfsmengen festlegen. Erfahrungen mit Kleinmaterial auf Veranstaltungen sind an dieser Stelle unerlässlich. Besorgen sollte man das festgelegte Kleinmaterial im Großhandel (vor allem bei größeren Mengen) oder im regionalen Einzelhandel. Je früher man die Materialen beschafft, desto höher ist die Wahrscheinlichkeit, alles preiswert zu erhalten. Bei einem Beschaffungsvolumen von mehreren tausend Mark sollte man sich vor dem Kauf bei verschiedenen Großhändlern Preislisten besorgen und sich das Material direkt vor Ort ins Materiallager liefern lassen. Meist sind vor der Übergabe der Location keine Lagermöglichkeiten beim Veranstalter vorhanden. Bei der Bestellung sollten auf keinen Fall Werkzeug (für alle baulichen Maßnahmen durch Hands), Reinigungsmittel, wenn die Reinigung nicht von einer Subfirma übernommen wird, Taschenlampen, Gaffa und Kassen für Einlass und Gastronomie vergessen werden.

Pässe Eine besondere Stellung nehmen Pässe ein. Diese sollten durch eine Druckerei angefertigt werden, die man auch mit der Laminierung beauftragen kann. Jedoch zeigt die Erfahrung, dass eine Laminiermaschine, Passbänder, Slotpunch (Locher) und Rohpässe vor Ort die Flexibilität deutlich erhöhen. Ein Passsystem mit Bändchen ist natürlich auch möglich. Dadurch wird das Problem der Übertragbarkeit, ein nicht legitimierter Wechsel des Passinhabers, eingedämmt.

Passplanung über Zugangsbereiche Bei der Passplanung gilt es zunächst, Zugangsbereiche festzulegen. Dies sind mindestens drei Ebenen: die Public Area, also der öffentliche Bereich (Veranstaltungsbereich), die Non Public Area, der nicht öffentliche Bereich wie Backstage, Bühnen und Personalräume und die Safe Area, ein besonders gesicherter Bereich, zu dem Kassenraum oder Büros gehören. Jeder Bereich sollte mit einer

3. Material

Farbe im CAD-Plan gekennzeichnet werden, die auch die unterschiedlichen Pässe haben sollten. Auf jeden Pass muss der Name der Veranstaltung mit Datum, der Bereich, der Job und bestenfalls der Name des Inhabers stehen. Passarten wären zum Beispiel: Artist/Künstler, Crew/Personal, all Areas/alle Bereiche, Guest/Gast, V.I.P, Security/Sicherheit, Press/Presse, Stand, Techniker, Service und Gastronomie. Das Pass- und Zugangssystem ist so einfach und überschaubar wie möglich zu halten. Je einfacher das System, desto besser wird es funktionieren. Die Security muss selbstverständlich bestens mit dem Passsystem vertraut gemacht werden.

Sind die Bereiche und Arten festgelegt, kann mit dem Personalplan die Zahl der einzelnen Pässe bestimmt werden. Es sollte unbedingt ein ausreichender Puffer für alle Pässe angelegt werden, um Komplikationen vor Ort zu entgehen, etwa, wenn Pässe fehlen oder ausgehen. Die Lagerung und Verteilung sollte direkt durch den Produktionsleiter beziehungsweise durch einen Vertrauten des Veranstalters erfolgen. Die Pässe für einen abgrenzbaren Bereich können auch direkt durch den Bereichsleiter verteilt werden. Unbedingt ist eine Passausgabeliste anzufertigen, um den Überblick zu behalten (siehe Anhang 3 – Pass- und Essensmarkenlisten). Dies gilt auch für die Übergabe von Passkontingenten.

Pufferung und Verteilung

Auf der Rückseite von Pässen lassen sich nützliche Informationen wie Zeiten, Tourplan, Funkkanalbelegungen oder wichtige Telefonnummern unterbringen.

Rückseite

Passwahnsinn

All Area Access

Hinweisschilder Mit einem Laminiergerät können auch Hinweisschilder noch vor Ort verfasst werden, wenn sich zum Beispiel erst hier Änderungen bemerkbar machen. Allgemeine Standardschilder wie „Produktionsbüro", „Backstage", „WC" oder „Abendkasse" können auch auf mehreren Veranstaltungen wiederverwendet werden.

Dekoration Auch die Dekoration fällt in den meisten Fällen, wenn man sie nicht komplett an Dienstleister ausgelagert hat, in den Kleinmaterialbereich. Hier ist mit dem Dekorationsverantwortlichen eine separate Liste mit Posten und Bedarfmengen zu erarbeiten.

Kleinmaterialbudget Das Budget für Kleinmaterial ist im Vorfeld schwer zu definieren, meist wird nach einer groben Schätzung mit viel Puffer gearbeitet. Bei kleineren Veranstaltungen reicht oft eine etwas großzügigere Handkasse der Produktion aus.

4. Personal

Kapitel vier vermittelt einen Eindruck vom Produktionspersonal und seiner Struktur. Es zeigt den Bedarf und die Qualität aller an einer Veranstaltung beteiligten Arbeitskräfte.

4.1. Strukturen

In welchen Strukturen eine Produktion durchgeführt wird und wie man sie am besten plant, wird hier erläutert. Daneben wird eine grobe Aufteilung der Einzelgewerke vorgestellt.

Wie arbeitet nun das Personal zusammen? Wer hat wem was und wie zu sagen? Es nicht einfach, ein perfekt aufeinander eingespieltes Team aus vielen Einzelpersonen zu formen. — *Personalstruktur*

Am besten unterteilt man das Personal in einzelne Bereiche und diese wiederum in Arbeitsgruppen. Dabei sollte jede Aufgabe von einer Gruppe abgedeckt werden. In der Vorplanung empfiehlt es sich, eine möglichst umfangreiche Liste von Aufgaben zusammenzustellen. Wenn man weiß, welche Jobs es zu vergeben gilt, kann man danach die benötigten Personalstärken ermitteln. Dabei spielen der Aufwand der Arbeiten und die dafür zur Verfügung stehende Zeit, aber auch die Einsatzbereitschaft eine große Rolle. Oft müssen Schichtsysteme eingebaut werden, die das Doppelte bis Dreifache der Arbeitskräfteanzahl verlangen. Wenn eine Jobgruppe zu viele Personen zählt, in der Regel mehr als 10 Mann, bietet es sich an, einen Bereichsleiter einzusetzen, um Weisungen vor Ort effizienter zu übermitteln. Dies ist ein erstes Gerüst, das noch verfeinert werden muss. Die Struktur wird jetzt einer Pyramide ähneln. Man sollte aufpassen, dass sie nicht aus zu vielen Schichten besteht, die zwangsläufig mit der Größe der Produktion zunehmen. Eine flache Hierarchie arbeitet schneller und effizienter. Viele Ebenen dagegen machen Entscheidungsprozesse langsamer und träger. — *Bereichsaufteilung*

Alle Weisungsrechte sollten gut überlegt werden. Es ist normal, dass sich dabei einige Überschneidungen ergeben. Alle Ebenen sollten spätestens vor Ort miteinander schnell und einfach kommunizieren — *Weisungsrechte* können (am besten über Funk). Bei mehreren Funkkanälen sollten diese an komplette Bereiche abgegeben werden (zum Beispiel Security- oder Gastronomiekanal). Auch alle Pässe vor Ort sollten die Personalstruktur widerspiegeln, um das Arbeiten zu erleichtern.

Probleme wandern vor Ort von unten (beim Hand) nach oben und sollten gelöst beziehungsweise geklärt werden, bevor sie beim Produktionsleiter ankommen. Bei ihm würde sonst alles landen, was nicht zu bewältigen war. Assistenten können diese negative Entwicklung abfedern. Gute Bereichsleiter übermitteln daher nicht einfach nur Probleme und Weisungen, sondern lösen sie aktiv. Der Produktionsleiter sollte lediglich grundsätzliche Dinge bearbeiten und die Gesamtstruktur überwachen.

Struktur-
diagramm
Hier ein Beispiel für eine Veranstaltungspersonalstruktur (mit Funkkanal Zuweisungen):

Personal-Strukturdiagramm (Beispiel) >

4. Personal

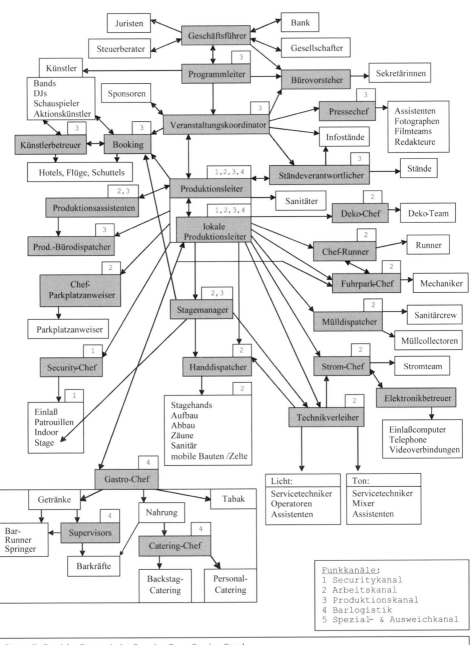

All Area Access

Standard-
struktur

Kopf des ganzen Personalbaums und großteils auch am Veranstaltungstag vor Ort ist die Geschäftsleitung, die sich aus Geschäftsführern und teilweise einem oder mehreren Prokuristen zusammensetzt. Die Leitung vor Ort übernimmt hauptsächlich die Produktionsleitung, bestehend aus einem Produktionsleiter, den Produktionsassistenten und den Bereichleitern. Für jeden einzelnen Floor (Beschallungseinheit) existiert bestenfalls ein Floorverantwortlicher. Alle Floorverantwortlichen, die Produktionsleitung, die Security und Teile des übrigen Personals sollten permanent über ein Funksystem verbunden sein. Die Security setzt sich aus Einsatzleiter, mehreren Teamleitern und aus den Security-Kräften zusammen. Vorteilhaft ist es, wenn in Notfällen zusätzliche Security-Kräfte herangezogen werden können (Service). Die Security-Firma sollte seit mehreren Jahren professionell arbeiten und deutschlandweit anerkannt sein. Referenzen der Firmen sollten bei der Auswahl herangezogen werden.

Die Hands sind mit mindestens einem Teamführer für alle körperlichen Arbeiten, etwa Bühnen- und Technikaufbauten, Absperrungen oder Beschilderungen, zuständig. Runner sorgen mit einem Fuhrpark für den Transport von Material, Künstlern und Dokumenten. Für die Ordnung auf eventuellen Parkflächen arbeiten Parkplatzanweiser, die mit Warnwesten nach DIN 30711 eindeutig als solche zu identifizieren sind. Darüber hinaus benötigt man Garderobenkräfte. Die Kassenkräfte sollten bei längeren Zeiten im Zwei-Schicht-System arbeiten und werden am besten direkt von einem Geschäftsführer oder Prokuristen geführt. Bei einem Mehr-Schicht-Betrieb sind die Schichtübergaben aller Gewerke, die direkt mit Bargeld zu tun haben wie Kasse, Bar oder Garderobe speziell zu planen und unbedingt mit der Geschäftsleitung abzusprechen. Die Techniker leiten den Technikauf- und -abbau und sind für ein reibungsloses Funktionieren der Ton- und Lichtanlagen verantwortlich. Das Stromteam wird von einem Experten der Elektrotechnik mit Ausbildung als Elektriker und Studium der Elektrotechnik geleitet. Mehrere Mann kümmern sich um den Stromaufbau, um die störungsfreie Stromversorgung während der Veranstaltung zu gewährleisten, aber auch um Rettungsleuchten und Notstrom. Die Künstlerbetreuung ist für die Künstler, für deren Catering und die Backstage-Räume zuständig. Dazu kommt das Personal des Gastronomen, das meist in die Bereiche Barkräfte, Logistik und Führung unterteilt ist.

4. Personal

Jeder Einzelbereich ist mit einem Bereichsleiter versehen, so dass sich eine pyramidenförmige Personalstruktur ergibt. Entscheidenden Einfluss auf das Personalmodell haben eigene Erfahrungen und die Beziehung zu Subfirmen beziehungsweise zum Personal.

Das nächste Diagramm zeigt eine mögliche Verteilung der einzelnen Personalbereiche. Dafür wurden die Personalstärken der Einzelgewerke mehrerer Veranstaltungen addiert und in Relation zueinander gebracht:

Gewerke-Aufteilung

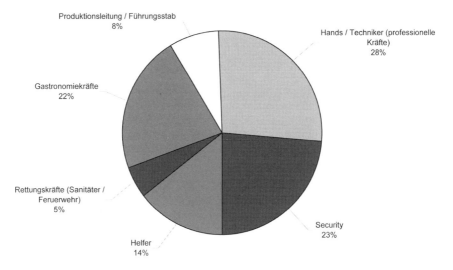

Gewöhnliche Personalverteilung (nicht repräsentativ)

4.2. Führungsstab

Hier werden die Aufgaben von Produktionsleiterassistenten, Stagemanagern, Floormanagern und Bereichsleitern sowie ihre Dimensionierung aufgezeigt.

Der Führungsstab ist das enge Team der leitenden Mitarbeiter um den Produktionsleiter. Die Personen dieses Stabs sind direkt an den Produktionsleiter gekoppelt und tragen alle Informationen bei ihm zusammen. Alle sollten ihre Probleme und Arbeitsfortschritte beim Produktionsleiter melden und weitere Schritte mit ihm absprechen.

Führungsteam

All Area Access

Nur so kann man den Überblick über alle Gewerke behalten und produktiv zwischen ihnen vermitteln.

Produktions-assistenten

Zu diesem Team gehören Produktionsleiterassistenten, die direkt und ausschließlich dem Produktionsleiter zuarbeiten, etwa einfache Berechnungen ausführen, Schreibarbeiten erledigen, Angebote einholen oder Datenverwaltungsaufgaben und büroorganisatorische Aufgaben tätigen. Man kann sie als Sekretäre mit Fachwissen oder als Organisationsspringer bezeichnen. Gut gebriefte und erfahrene Assistenten können auch einige Teilbereiche selbstständig abdecken, wobei die Haftung immer beim Produktionsleiter liegt.

Produktionsassistenten nehmen dem Produktionsleiter zahlreiche direkte Arbeiten in der Planungs-, Veranstaltungs- und Nachbearbeitungsphase ab und sind bei großen Produktionen zwingend notwendig. Bei Veranstaltungen ab etwa 15.000 Besuchern sollten zwei fähige Produktionsassistenten gebucht werden. Die Bezahlung ist frei und aufgabenspezifisch, sollte aber mehr als ein Taschengeld und leistungsunabhängig sein. Die besten Leute findet man in Studenten der Naturwissenschaften oder des Ingenieurwesens, denn diese bringen in der Regel noch eine lockere, dynamische Arbeitsweise mit und verfügen über umfangreiches, aktuelles Fachwissen. Auch andere Produktionsleiterkollegen machen meist mehr als einen guten Produktionsleiter-Assistenten-Job, sollte man sie überreden und bezahlen können. In jedem Fall ist Erfahrung mit Veranstaltungen positiv zu bewerten. Prinzipiell sollte jeder Assistenten wählen und anheuern, mit denen er am besten zurecht kommt und zu denen er Vertrauen hat. Wenn man seine Assistenten effizient einsetzt, verinnerlichen diese die internen Arbeitsweisen, was dem Produktionsleiter in heißen Phasen sehr hilft. In einem Vertrag müssen deshalb neben Arbeitszeit, Arbeitsort, Aufgabenbereich und Entlohnung auch Verschwiegenheitsklauseln fixiert werden. In gar nicht so seltenen Extremfällen können gute Produktionsassistenten auch einen Produktionsleiter vertreten. Vor Ort bietet es sich an, Produktionsleiterassistenten überwiegend überwachende Tätigkeiten zu übertragen oder sogar Teilbereiche eigenständig führen zu lassen. Ein Assistent sollte immer da sein, wenn der Produktionsleiter nicht vor Ort ist. Im Vorfeld muss daher gemeinsam ein Schichtplan ausgearbeitet werden.

Stagemanager

Während der Veranstaltung spielen die Stagemanager und die Floormanager eine bedeutende Rolle. Stagemanager haben einen

4. Personal

auf die Fläche bezogenen kleinen Verantwortungsbereich, auf dem aber ein Hauptteil der Veranstaltung abläuft: die Bühnen. Jede Bühne sollte einen Stagemanager haben, der sich ausschließlich um die Belange und Aktionen auf seiner Spielfläche kümmert. Diese Aufgabe setzt einen sehr hohen Erfahrungsschatz und viel Produktionsroutine voraus. Dazu zählen technisches Wissen über Backline, Mikrophonie, Verkabelungen (Stagebox), Personalführung der Stagehands und Künstlerumgang. Für einen Stagemanager spielt die Einhaltung der vorgegebenen Zeiten eine übergeordnete Rolle. Sollte durch ein Bühnen-Delay, also eine Zeitverschiebung nach hinten, meist ausgelöst durch zu lange Umbauzeiten oder zu lange Zugaben, das Line up durcheinander kommen, fällt dies in den meisten Fällen auf den Stagemanager zurück. Verschärft wird eine Delay-Situation durch Bandverträge, in denen üblicherweise die Auftrittszeit auf die Minute vorgegeben ist und die Bandmanager auf dieser minutengenauen Auftrittszeit energisch bestehen. Dreh- und Angelpunkt und am meisten Stress für den Bühnenmanager bedeuten Change Overs. Hier muss schnell in einer vorgegebenen Zeit unter seiner Leitung eine Band mit ihrer Backline von der Bühne hinunter und eine andere hinauf, um spielfertig gemacht zu werden. In der freien Veranstaltungswirtschaft gibt es den Ansatz, Stagemanager durch ihre Durchschnitts-Delay-Zeiten zu klassifizieren, was aber nicht notwendig ein realistisches Bild des Stagemanagers ergibt. Viel wichtiger als Verzögerungen sind das generelle „Spielen" der Bühne und die gute Show an sich.

Die Produktionsleitung sollte möglichst wenig mit den Problemen der Bühnen behelligt werden; die Besten der Gilde lassen nichts nach oben durchdringen und managen die Bühne nach dem vorgegebenen Line up, den Ridern und Richtlinien vollkommen selbstständig. Diese Profis sind natürlich nicht billig und stoßen an die Grenze der Produktionsleitertagessätze. Sie sind ihr Geld aber fast immer wert. Der Stagemanager kommuniziert permanent mit den Technikern (FOH-Chef, Licht, Ton, Monitor), mit den Künstlern, Bandmanagern und Gasttechnikern, mit der Künstlerbetreuung und bei Unregelmäßigkeiten mit dem Produktionsleiter. Seine direkten Helfer sind die Stagehands, auf die der Stagemanager vollen und ausschließlichen Zugriff haben sollte. Seine Aufgabe ist es, diese Bereiche und Personen bestmöglich und zeitplangerecht für seine Bühne zu koordinieren.

Ziele des Stagemanagements

All Area Access

Floormanager

Floormanager haben einen ähnlichen Tätigkeitsbereich, nur nicht auf eine Bühne, sondern auf einen Floor bezogen. Sie müssen ihren Teil der zugewiesenen Veranstaltungsfläche der Produktionsleitung gegenüber „sauber" halten und alle entstehenden Probleme und Unregelmäßigkeiten im Keim erkennen und lösen.

Akquise von Stagemanagern

Eine Ausbildung oder ein Studium dieser Jobs gibt es derzeit in Deutschland nicht, und so muss man auf Quereinsteiger und Branchenkräfte mit Erfahrung zurückgreifen. Kollegen mit einer Bühnenmeisterausbildung sind vorzuziehen, aber selten bei einer Veranstaltung im Einsatz. Referenzlisten der möglichen Kandidaten sollte man sich daher genau anschauen. Wie in allen Führungsjobs spielen auch die persönlichen Komponenten – Vertrauen und Sympathie – eine große Rolle. Auch mit Profis muss man offen reden und in einem kleinen Team unter viel Anspannung arbeiten können.

lokale Produktionsleiter

Bei einer Produktion mit mehreren, topografisch weit entfernten Veranstaltungsorten empfiehlt es sich, lokale Produktionsleiter einzusetzen. Jeder Produktionsort wird also behandelt wie eine eigene kleinere Produktion für sich mit all ihren einzelnen Elementen. Für diese Aufgaben sollte man nur erfahrene Kollegen verpflichten und eine Aufteilung der Produktion gut planen (siehe auch 2.4. Mehrere Produktionsorte).

Bereichsleiter

Zu jedem Teilbereich gehört ein Bereichsleiter. Wenn keiner verfügbar ist, muss der komplette Bereich vom Produktionsleiter betreut werden, was sehr viel Kapazitäten bindet und zulasten der Qualität geht. Die Bereiche legt man am besten nach Aufwand an. Mögliche Bereichsleiterposten wären: Personalleiter (Pauschalkräftechef, Handchef, Security-Chef, Runner-Chef, Künstlerbetreuungsleiter), Hotel-Dispatcher, Materialleiter (Technikchef, Lagerverantwortlicher, Fuhrparkchef), Pressesprecher vor Ort, Büroverantwortlicher, Gastronom (Nahrungschef, Getränkechef, Catering-Leiter, Küchenchef), Reinigungsleiter, Rettungskräfte-Einsatzleiter, Outdoor-Leiter (Parkplatzchef, Zeltplatzleiter, Vorproduktionsleiter, Postproduktionsleiter, Kassenchef, Ständeverantwortlicher (Merchandise) und Stromchef.

Alle eingesetzten Bereichsleiter führen das Personal und dispatchen das Material für ihren Bereich. Welche Bereiche separat zu leiten sind, wird entschieden nach Kriterien der Effizienz, der geplanten Struktur, der Größenordnung der Produktion und nach dem

4. Personal

Budget der Produktion in Absprache mit der Geschäftsführung. Bei Bereichsüberschneidungen, beispielsweise Personalchef contra Kassenchef mit Kassenkräften, muss es im Vorfeld klare Regelungen über Struktur und Arbeitsweisen geben, sonst entsteht an den simpelsten Punkten ein Chaos. Auf jeden Fall sollte ein größeres Briefing mit allen Bereichsleitern durchgeführt werden, um spezielle und banale Situationen durchzuspielen und um ein allgemeines Kennenlernen zu ermöglichen.

Die Briefings und Absprachen sollten regelmäßig nach einem festen Plan abgehalten werden. Mögliche Planungs- und Ausführungsfehler stecken fast immer im Detail. Nicht jede Information zwischen den Bereichsleitern sollte über den Produktionsleiter laufen, die Kunst ist vielmehr, die einzelnen Bereiche effizient und dynamisch zu verknüpfen. Im Idealfall decken alle Bereichleiter die komplette Produktion ab und kommunizieren optimal untereinander, so dass der Produktionsleiter als reines Kontrollelement fungiert, eher qualitativ arbeitet und nur in Entscheidungsfragen und Krisen hinzugezogen wird. Dieser Idealfall wird nur selten erreicht. Ein perfektes Zusammenspiel aller Bereichsleiter ist meist das Ergebnis jahrelanger Zusammenarbeit mit allen beteiligten Personen. Ein Optimum der Bereichsaufteilung wird nur erreicht, wenn alle Beteiligten des Führungsstabs die Schwächen und Stärken aller den jeweiligen Bereich tangierenden Personen kennen und in der Lage sind, dies zu handhaben, alle Kompetenzen und Weisungsrechte klar und logisch vom Produktionsleiter festgelegt wurden, der Führungsstab optimal gebrieft ist und die Kommunikation funktioniert. Vor der Zusammenstellung des Produktionsteams sollten die Kosten eines solchen erörtert und dabei Punkte wie Hotelbedarf, Arbeitsplatz, Entlohnung und Catering nicht vergessen werden.

Bereichs-planung

4.3. Professionelle Kräfte

Welche professionellen Kräfte benötigt werden und wie man sie am sinnvollsten plant, ist in diesem Abschnitt zu lesen. Dazu gehören auch die Security und die Hands.

Professionelle Arbeitskräfte bilden den Kern einer Produktion. Es sind Kräfte, die regelmäßig in ihrem Job arbeiten und einen gewissen Erfahrungsschatz mitbringen. Auf den folgenden Seiten wird der Führungsstab, der natürlich auch aus Profis bestehen sollte,

Profis und ihre Preise

All Area Access

ausgeklammert, denn auf diesen wurde bereits weiter oben (4.2. Führungsstab) ausführlich eingegangen.

Profis sind in vielen Verantwortungsbereichen ein Muss, da sie über Fachwissen verfügen und auch Haftungen übernehmen können. Selbstverständlich sind diese Kräfte teurer als Pauschalkräfte, und eine Preisschranke nach oben für die besten Leute des Marktes gibt es nicht. Entlohnt wird fast ausschließlich in Tagessätzen oder Prämien im Teil- und Vollvorkassenprinzip; ein erfolgsabhängiges Gehalt ist unüblich und meist auch ungerecht, da gerade in kleinen Teilbereichen Erfolge schwer zu messen sind und die Besucherzahlen sich nicht beeinflussen lassen. Tagessätze können zwischen 150 und 600 Euro je nach Job und Aufwand liegen. In eine Kalkulation sollte natürlich, wie in alle Personalkalkulationen, auch eventuelle Hotel-, Transport- und Catering-Kosten einfließen. Zu den einzelnen Tätigkeitsfeldern, die von Profis ausgeführt werden sollten, zählen:

Security Das wichtigste Feld besetzt die Security. Sie sorgt für die Sicherheit vor Ort vor, während und nach der Produktion. Sie verhindert oder bekämpft Ausschreitungen, Vandalismus und Rangeleien. Sie schützt wichtige Personen wie Künstler, den Führungsstab oder Prominente. Sie vermindert Diebstähle und anderen Vergehen, zum Beispiel den Verkauf illegaler Substanzen. Sie kontrolliert den Zugang zum Veranstaltungsgelände und verhindert so den Eintritt von Personen ohne gültige Zugangsberechtigung. Selbstverständlich kontrolliert sie auch den Zutritt in die nicht-öffentlichen Bereiche wie Backstage, Bühnen, Lager oder Arbeitsräume, die nur Personen mit speziellen Zugangsberechtigungen betreten dürfen. Und sie sorgt in dichten und sensiblen Bereichen, etwa dem Bühnengraben oder dem Einlassbereich, für einen reibungslosen und geordneten Betrieb. Security-Kräfte können auch als omnipräsente Angestellte (Patrouillen, dichte Postenabdeckungen) schnell verletzte Besucher orten und transportieren. In speziellen Fällen lassen sie sich auch als „lebende Brandmelder" oder „lebende Überwachungskameras" einsetzen, wenn sie über ein Funkgerät verfügen.

professionelle und seriöse Anbieter Security sollte immer bei professionellen Firmen zum Beispiel beim Wachschutz oder bei Security-Anbietern, gebucht werden. Diese Kräfte sind meist speziell ausgebildet und entsprechend trainiert – ein wichtiger Punkt, denn falsch oder nicht geschulte Security-Kräfte können viel Schaden anrichten. Auch im Schadensfall sieht es vor

4. Personal

Gericht immer besser aus, wenn man eine seriöse Security-Firma engagiert hat.

Die Vorstellung vom „Muskelprotz" sollte überdacht werden. In vielen Bereichen wie am Einlass oder im Bühnengraben sind kräftigere Personen natürlich wünschenswert, aber gerade in sensiblen Bereichen wie dem Backstage-Zugang oder bei Patrouillen zählt eine psychologische Schulung, die darauf zielt, Konflikte zu verhindern, wesentlich mehr als ein muskulöses Erscheinungsbild. Auch einige weibliche Kräfte in den Einlassbereichen sind für das Durchsuchen weiblicher Gäste wichtig. Alle eingesetzten Kräfte sollten als solche durch eine Uniform oder Jacke zu erkennen sowie mit ausreichend Funkgeräten versorgt sein – idealerweise etwa 50 Prozent aller Kräfte – und bei größeren Veranstaltungen einen eigenen Kanal bekommen. Die Anzahl der ausgegebenen Funkgeräte erhöht die Reaktionsgeschwindigkeit und Flexibilität.

Ausstattung

Bei der Postenplanung sollte jeder Veranstaltungs- und Fluchtwegbereich mindestens einen Posten bekommen. Die Grundposten am Einlass, an den Zugängen zum Backstage, zum VIP-Bereich, zu Lagerräumen oder Büroräumlichkeiten sowie an den Bühnen und FOHs verstehen sich von selbst. Wenn das Security-Budget nicht zu enge Grenzen setzt oder man spezielle Orte besonders stabil sichern möchte, sollte man zwei Mann pro Posten einsetzen, um Toilettenpausen und Schichtrotationen abzudecken.

Security-Planung und Grundposten

> Als grober Richtwert gilt ein Security-Posten pro 100 Gäste. Dieser Richtwert geht bei höheren Besucherzahlen nach unten, wenn das Veranstaltungsgelände nicht besonders weitläufig ist. Bei geringeren Besucherzahlen geht er nach oben, da unter anderem durch die Grundposten (Einlass, Backstage, Büro, Bühne, FOH) immer eine bestimmte Grundanzahl eingeplant werden muss.

Es sollte immer ein kleiner Puffer von Security-Kräften zusätzlich gebucht werden, um zum Beispiel Künstlern Personenschutz gewähren zu können, Ausfälle auszugleichen oder auf Krisenfälle vorbereitet zu sein. Wenn es nicht möglich ist, einen Puffer einzubauen, muss man sich im Vorfeld überlegen, wo in Ausnahmesituatio-

Aufteilung in Teams

All Area Access

nen Kräfte abgezogen werden können, ohne die Veranstaltung zu gefährden. Auf keinen Fall sollte man eine Absicherung vor und nach der Veranstaltung zum Schutz des Materials und zur Abschirmung der Baustelle gegenüber Schaulustigen vergessen. Hier reicht meist ein kleines Team (zwei bis sechs Mann), das in Patrouillen arbeitet. Security lässt sich wunderbar in kleine Teams nach örtlichen, zeitlichen oder einsatzbedingten Maßgaben einteilen, in denen ein Teamleiter die Instruktionen annimmt. Ab etwa zehn Mann Security empfiehlt sich ein Security-Einsatzleiter, der alle Leitungs- und Kontrollfunktionen übernimmt; ein solcher ist meist im Angebot der Security-Firma enthalten. In diesem Personalsegment herrschen Stundensätze, die zwischen 10 und 40 Euro per Security-Kraft pendeln.

Security-Firmen können auch bei der Planung nützliche Hinweise und Tipps liefern. Meist reicht ein kurzes Briefing des Security-Chefs im Laufe der Angebotserstellung oder -bestätigung, um alle Informationen an den richtigen Ort zu bringen. Kurz vor der Veranstaltung sollte auf jeden Fall mit den Einsatz- und Teamleitern der Veranstaltungsort begangen und ein ausführliches Briefing zu allen Besonderheiten durchgeführt werden. In der Vorproduktion sollte man sich die einzelnen Zugangsbereiche und deren Zugangsberechtigung klar veranschaulichen, die Einlassplanung und Security-Planung fertig haben und klare Regeln über das Einführen von

Lohn/h		30,00 DM		Chef:		Einsatzleiter		Telephon	
Anzahl Arbeitskräfte		0							
Benötigte Arbeitskräfte		11							
Fehlende Arbeitskräfte		11							

			Freitag, der 24.12.01			Samstag,	
Posten	Name	Einsatzort	Schicht	Arbeitszeit	Einsatzort	
Position 1					Einlass	14:0
Position 2					Einlass	14:0
Position 3					Disko	23:0
Position 4					Bühnengraben	17:0
Position 5					Bühnengraben	17:0
Position 6					Patroullie	14:0
Position 7					Backstage	17:0
Position 8					Patroullie	14:0
Position 9		Bauschutz	13:00 - 24:00	11	Ausgang	00:0
Position 10					FOH	00:0
Position 11					Produktionsbüro	14:0

11

4. Personal

Fremdgetränken und -speisen, Kameras, Waffen, Drogen und Hunden in den Veranstaltungsbereich aufstellen. Die Security-Planung enthält im Wesentlichen zwei Elemente: einen grafischen Plan mit allen durchnummerierten Posten und eine Tabelle mit Postennummer, Einsatzort, Einsatzart, Sichtplan und Vergütung.

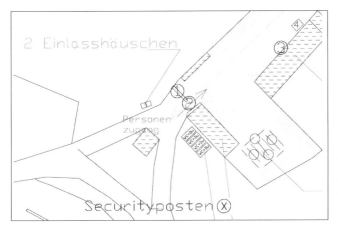

Security-Dienstplan und Security-Posten in CAD-Plan (Beispiel)

eitszeit	Einsatzort	Schicht	Arbeitszeit	Gesamt-Arbeitsstunden	Lohn	Lohn (incl. MwSt.)
	Sonntag, der 26.12.01					
15				15	450,00 DM	522,00 DM
15				15	450,00 DM	522,00 DM
6				6	180,00 DM	208,80 DM
8				8	240,00 DM	278,40 DM
8				8	240,00 DM	278,40 DM
10	Bauschutz	05:00 - 11:00	6	16	480,00 DM	556,80 DM
8				8	240,00 DM	278,40 DM
15				15	450,00 DM	522,00 DM
5				16	480,00 DM	556,80 DM
14				14	420,00 DM	487,20 DM
15				15	450,00 DM	522,00 DM
119			6	136	4.080,00 DM	4.732,80 DM

interne Richtlinien

Hier ein Auszug aus den internen „Security-Richtlinien" eines professionellen Anbieters:

- Die Arbeitszeit ist erst mit ordnungsgemäßer Abmeldung im Büro beendet. Zu melden ist, wenn Einrichtungsgegenstände (zum Beispiel Toiletten) beschädigt worden sind.

- Absolute Freundlichkeit [...] ist stets Voraussetzung [...]. Nicht die Firma bezahlt Euch, sondern der Gast.

- Einheitskleidung ist Voraussetzung zum Arbeitsbeginn.

- Pünktlichkeit ist das „A und O". [...]

- Es wird ausdrücklich darauf hingewiesen, dass Drogenhändler, Drogenkonsumenten und andere auffällige Personen sofort [...] gemeldet werden müssen.

- Gäste, die bewaffnet sind und die Waffen nicht anmelden, werden nicht eingelassen (Messer, Elektroschocker, Schlagring, Pistolen usw.).

- Es herrscht striktes Alkoholverbot für den gesamten Arbeitstag.

- Der Arbeitsplatz [...] darf nicht ohne Besetzung sein.

- Während der gesamten Öffnungszeit gibt es keine Pausen!!!

- Es dürfen beziehungsweise müssen Gäste auf Waffen durchsucht werden (bei Verdachtspersonen).

- Sämtliche Ausweise bei Jugendlichen unter 18 Jahren sind einzusammeln.

- Betrunkene Gäste dürfen [...] nicht eingelassen werden.

- Gäste, die [...] Schwierigkeiten machen, werden freundlich, aber direkt [...] entfernt [...].

- Den Türstehern ist es untersagt, sich während der Arbeitszeit auf längere Gespräche mit einem Gast einzulassen (ganz besonders mit den weiblichen Gästen).

4. Personal

- Der Bereich der Kasse sowie wichtige Durchgangsbereiche sind von Gästen freizuhalten.

Hands sind, poetisch gesprochen, das Blut in den Adern der Produktion, die eigentlichen Bauarbeiter einer Baustelle. Hands lassen sich sehr vielschichtig einsetzen und übernehmen fast alle körperlichen und veranstaltungsspezifischen Bauarbeiten. Man kann das Aufgabenfeld dieser elementaren Personalgruppe in zwei Grundbereiche teilen: die Stagehands arbeiten während der Veranstaltung direkt an den Bühnen, transportieren Backline und Bühnenbauten und verkabeln unter der Obhut der Techniker und des Stagemanagers die Bands. Die Sidecrew hingegen wird eher vor und nach der Veranstaltung eingesetzt und realisiert alle Produktionsbauten – Absperrmaterial, Container, Anschlüsse sowie sonstige Hardware. Hands transportieren, bauen, befestigen, verändern, beladen, entladen, schließen an oder ab, verlegen, stellen auf, reißen ein, improvisieren, fahren, verteilen, hängen, schrauben, bohren, kippen, montieren und demontieren das gesamte Produktionsmaterial. Vor allem beim Bühnen- und Technikauf- und -abbau sind sie unersetzlich. Ein Hand kann mit sämtlichen Werkzeugen umgehen und verfügt oft über Gabber-Tools wie Leatherman oder Wave am Gürtel. Auch handwerkliche Fähigkeiten aus allen Baubereichen wie Elektrik, Maurerei, Tischlerei und Malerei sind meist vorhanden. Einige Hands besitzen einen Gabelstaplerschein, sie können also als Staplerfahrer arbeiten. Hands sind fast immer äußerst teamorientiert und sollten daher nur selten allein eingesetzt werden, da viele körperliche Arbeiten wie Transport oder Ladearbeiten auch meist nur mit mehreren Kräften zu erledigen sind. Beim Buchen dieser Spezialkräfte sollte also auf eine gerade Zahl geachtet werden.

Hands

In der Branche gibt es mehrere Hand-Agenturen, über die man seinen Hand-Bedarf abdecken sollte. In dieser Berufsgruppe existieren große Qualitätsunterschiede, was die benötigen Fähigkeiten und die Motivation betrifft. Ein Grund dafür ist die nicht vorhandene Ausbildung, die lediglich aus Erfahrung besteht und das regelmäßige „Verheizen" der meist jungen Arbeiter. Die Effizienz der Hands liegt maßgeblicher in ihrer Motivation, die man mit angemessenen Vergütungen, gutem Catering und kleinen Aufmerksamkeiten wie Energydrinks oder Crew-T-Shirts steigern kann. Die meisten Hand-Firmen verlangen Preise zwischen 10 und 30 Euro pro Stunde und Mann. Eine Grenze nach oben für sehr gut spezialisierte Hands existiert nicht und wird dann in Tagessätzen verhandelt. Bei der Planung

Akquise

All Area Access

sollte man die Anzahl der Arbeitskräfte, beginnend bei einem Grundbedarf für Stagehands von zwei bis zehn Mann, Bühnen- und Technikaufbauten von vier bis vierzig Mann und aufstockend für Hand-intensive Arbeiten wie Absperrmaterialen (zwei bis zehn Mann) sowie Be- und Entladearbeiten (pro Trailer etwa sechs Mann) festlegen. Kleine Teams von vier bis acht Mann verstärken die Strukturarbeit.

weibliche Hands — Obwohl die Branche sehr patriarchalisch wirkt, können auch Frauen patente Hands abgeben. Meistens sind weibliche Hands auch gute Hand-Teamführer.

Handchef — Bei mehr als zwanzig Kräften sollte man sich einen Bereichsleiter suchen, der auch einmal Hand gewesen oder es noch ist; dieser kann den Arbeitsaufwand und die benötigte Zeit besser einschätzen und verständlich instruieren. Wenn ein Bereichsleiter vorhanden ist, kann man ihn mit allen Hand-relevanten Informationen und vor allem den Dienstplänen (Personaltabelle mit Name, Einsatzort, Schicht, Aufgaben und Entlohnung) briefen. Große und aufwendige Briefings sind nicht unbedingt erforderlich, notwendig sind lediglich Basics wie Positionen und Bauzeiten des Materials.

Stromteam — Ein Stromteam kümmert sich ausschließlich um die Belange der Energieversorgung der Produktion. Es ist eine Spezialeinheit und besteht aus einem Stromchef, der auch schon in der Planungsphase wesentlich mitarbeiten kann und einem Team von zwei bis zwanzig Mann mit fachkundigen Kräften aus dem Bereich der Elektrik. Auf großen Veranstaltungen ist dieses Team unerlässlich und meist permanent im Einsatz. Fähige Stromteams kümmern sich ebenfalls um die Wasserversorgung und Abwasserentsorgung. „Stromer" sind eher selten geplant, da diese Dienstleitung von Hands oder den Vermietern mobiler Stromaggregate übernommen wird. Ein eigenes Stromteam erhöht jedoch die Flexibilität und kann viel Geld sparen, vorausgesetzt, es wird effizient genug gearbeitet. Die besten Erfahrungen in Sachen Preis, Leistung und Dynamik wurden fast immer mit selbstgesuchten „Stromern" gemacht. Sehr wichtig wird diese spezielle Personaleinheit bei Locations mit komplexen Stromverhältnissen und einem hohen Energieverbrauch der Produktion. Das können natürlich auch viele Firmen auf dem freien Markt anbieten, es gestaltet sich aber immer wesentlich kostenintensiver.

4. Personal

Das größte Problem besteht darin, die passenden Leute und einen Stromchef zu finden. Hierbei sucht man am besten Kräfte des Elektroingenieurwesens – bei Planungsaufgaben durch den Stromchef unabdingbar – oder Leute aus der handwerklichen Elektrikerbranche. Wenn der Stromchef auch fit in CAD-Anwendungen ist (siehe 2.12. Planungshilfen), hat man das Stromproblem selbst in komplexen Fällen gut im Griff. Die Personalkosten des Stromteams sind frei verhandelbar und orientieren sich am Aufwand in Planung und Durchführung.

Stromchef

Künstlerbetreuer haben die Aufgabe, sich permanent und ausschließlich um die Künstler und Akteure während einer Veranstaltung zu kümmern. Nur in wenigen Fällen sorgen sie auch für den VIP-Bereich oder das globale Catering. Die Betreuer sind meist auch für den gesamten Backstage-Bereich zuständig. Hier unterscheidet man das Backstage Management vom reinen Betreuen. Personal, das in diesem Segment arbeitet, sollte über Service-Fähigkeiten und weitreichende Sprachkenntnisse, vor allem natürlich im Englischen, verfügen. Ein Optimum ist erreicht, wenn jede Band, jeder Künstler und jeder DJ permanent einen Betreuer zur Seite hat, der sich um den speziellen Backstage-Raum, das Catering, die Auftrittszeiten und individuelle Wünsche kümmert. Zu diesem Job gehören auch einige organisatorische und logistische Fähigkeiten.

Künstlerbetreuer

Die Basis der Planung bilden hier die Catering-, Backstage-, Crew- und Hospitality-Rider der Künstler, die alle erfüllt werden sollten. Wenn dies mal nicht möglich ist, muss man unbedingt im Vorfeld den Künstler über die veränderte Situation in Kenntnis setzen und mit dem Bandmanagement sprechen, um Unstimmigkeiten zu verhindern. Auch Hotel- und Flugbuchungen, die in der Vorbereitungsphase vom Booking organisiert wurden, kann die Künstlerbetreuung vor Ort managen. Sollte das Booking-Team vor Ort sein, ist es vorteilhafter, die Hotel- und Flugorganisation dort zu belassen. Wenn man die auftretenden Künstler oder Bands verwöhnen will, bucht man zur Verstärkung des Betreuerteams einige Masseure.

Booking

Techniker steuern und kontrollieren die an der Produktion beteiligte Technik. Im Kern ist dies die Ton- und Lichttechnik. Solche Leute können auf ihrem Gebiet meist viel Erfahrung und Routine bieten. Generell muss man die Licht- von der Tonfraktion unterscheiden, weil diese Untergruppen im professionellen Bereich kaum Gemeinsamkeiten haben. Darüber hinaus kann man in Gast- und Service-

Techniker

All Area Access

techniker trennen. Servicetechniker leiten meist den Aufbau der Anlagen und kennen das System sehr genau. Gasttechniker kommen mit den Bands und steuern die Technik im Sinne der künstlerspezifischen Vorstellungen.

Der FOH-Chef, der die Verantwortung für den FOH und meist auch die gesamte Bühnenanlage besitzt, und die Servicetechniker werden meist von der Technikverleihfirma gestellt. Nur bei kleineren und einfacheren Anlagen (bis etwa 2 kW Ton und einer Lichtanlage ohne DMX-Steuerung) ist es empfehlenswert, die Technik ohne Techniker zu mieten und separat Techniker einzukaufen. Eigene Techniker sind schnell gefunden und meist billiger. Den Grundstock des Technikerteams sollte immer ein Licht- und ein Tontechniker bilden. Aufstockungen sind bei einem separaten Monitor-Mix und aufwendigen Anlagen (besonders in Sachen Steuerung) erforderlich. Luxus wie ein Dimmerwart, der sich die ganze Veranstaltungszeit lediglich um die Dimmerschränke hinter der Bühne kümmert, ist meist nicht sinnvoll. Ein Techniker im semiprofessionellen Bereich gibt sich häufig mit einem Tagessatz von etwa 150 Euro zufrieden. Echte Profis verlangen mindestens 250 Euro pro Produktionstag.

In diesem Personalsegment gibt es auch viele Legenden und Berühmtheiten, sie gelangen allerdings nur selten zum öffentlichen Prominentenstatus, sind dafür aber in internen Kreisen um so beliebter. Techniker brieft man am besten vor Ort und klärt den gesamten Technikbereich, Personal wie Material mit einer kompetenten Firma, die teilweise auch Planungsaufgaben übernehmen kann.

Rigger

Rigger lehnen sich stark an den Bereich der Techniker an. Sie sind mit dem Rigging oder Trassing beschäftigt, also mit Traversen und Bühnenstahl. Sie kommen meist erst bei größeren Bauten um die Bühne oder bei Fliegen, das sind Traversen, die an der Deckenkonstruktion hängen, zum Einsatz. Sie wählen die beste Möglichkeit der Deckenbefestigung aus, bestimmen die Umsetzung der Bühnendachkonstruktion nach Vorgaben der (Licht-)Techniker und der Produktion und setzen danach die Kettenzüge in das Dach ein, um die Traversenkonstruktion nach oben hin fahrbar zu machen. Besonderheiten wie „Bridlen" (aus zwei schlecht gelegenen Rigging-Punken einen besser positionierten machen) oder Lastberechungen überlässt man am besten diesen Spezialkräften. Sie übernehmen meist auch die Haftung für ihre Arbeit, dies sollte aber vertraglich auch fixiert sein. Die Grenze zwischen den Aufgaben der Hands und

4. Personal

dem Bereich der Rigger ist fließend, Überschneidungen sind nicht selten. Jedoch sollte man bei jeder an die Decke gezogenen Stahlkonstruktion einen Profi heranziehen. In der Veranstaltungsbranche gibt es mehrere Firmen, die diesen Service anbieten. Die Preise für Rigger lehnen sich an die Forderungen professioneller Techniker an.

Fahrer sind für das Fahren und Bedienen aller Baufahrzeuge im Fuhrpark der Produktion zuständig. Hier ist die Trennung in Baufahrzeuge und Trailer (LKW) sinnvoll. Baufahrzeuge sind nur mit erfahrenen Fahrern, die meist auch eine spezielle Berechtigung (Staplerschein, LKW-Führerschein usw.) von den Fahrzeugführern erfordern, zu besetzen. Dies hat versicherungs- und haftungstechnische Hintergründe, außerdem sind Profis auch durch ein schnelleres Ausführen der Arbeiten aufgrund ihrer Erfahrung einfach effizienter. Fahrer für alle kleineren Baufahrzeuge, zum Beispiel Gabelstapler, werden meistens direkt aus dem Hand-Bereich rekrutiert. Professionelles Bedienpersonal sollte jedoch immer vorgezogen werden.

Fahrer, Baumaschinenbediener

Runner sind eigentlich auch Fahrer, allerdings in einem speziellen Rahmen. Diese Personalgruppe arbeitet prinzipiell wie ein veranstaltungsspezifizierter und erweiterter Kurierservice. Erledigt werden Personen- und Materialtransporte, vor allem von Kleinmaterial und Dokumenten vom oder zum Veranstaltungsort. Als Arbeitsmittel werden Kleintransporter mit großer Ladefläche und Personentransportmöglichkeit sowie geräumige PKWs verwendet. Die Fahrzeuge sollten selbstverständlich im Fuhrpark integriert sein.

Runner

Man unterscheidet Personen- und Materialshuttles. Runner für Material sollten neben ihrem Führerschein Kenntnisse über die an einer Produktion beteiligten Kleinmaterialen wie Gaffa, Laminierhüllen oder 16-A-Drehstromstecker haben sowie das lokale Straßennetz und die nächsten Baumärkte kennen. Großhandelsausweise, Stadtpläne, Übersichtspläne von Baumärkten und Schnelligkeit zeichnen einen echten Profi dieses Genres aus. Personen-Runner shutteln meist Künstler von A nach B und zum Produktionsort. Bei mehr als neun Personen in einem Fahrzeug muss ein Berechtigungsschein zum Transport von Personen im Besitz des Fahrers sein. Beim Kontakt mit Künstlern ist immer ein wenig Serviceerfahrung wünschenswert. In solchen Fällen sollte auch angenehm und nicht schnell gefahren werden. Hier gibt es viele Gemeinsamkeiten mit Chauffeurdiensten.

Material oder Personen

All Area Access

Runner-Planung

Bei der Planung der Runner-Besatzung ist immer ein recht großzügiger Puffer zu lassen, da man nie genau alle Runner-Touren planen oder voraussagen kann. Undefinierbare Variablen sind zum Beispiel launische Künstler, das Angebot örtlicher Einkaufsmöglichkeiten, die Straßenlage, Fahrzeugausfälle, Unfälle oder die Straßenkenntnis der Fahrer. Runner werden in Tagessätzen oder mit einer kilometerbezogenen Vergütung bezahlt. Es ist nicht ungewöhnlich, wenn Runner eigene Fahrzeuge nutzen. Dann werden natürlich eine höhere Vergütung und eine Nutzungsgebühr für das Fahrzeug fällig, was sich aber unterm Strich fast immer lohnt. Da es keine auf Runner spezialisierte Personalfirmen gibt und diese nur nebenbei von Produktionspersonalanbietern angeboten werden, herrschen keine festen Tarife. Je nach Fähigkeit sollten leicht erhöhte Hand-Sätze gezahlt werden.

Catering-Kräfte

Catering-Kräfte kümmern sich um das leibliche Wohl aller an einer Produktion beteiligten Personen. Sie kochen, bereiten kalte Platten und richten Getränke an. Es sind Servicekräfte aus der Gastronomie oder schlicht Köche. Veranstaltungscatering ist immer aufwendiger als gedacht, da in einer sehr kurzen Zeit sehr viele Leute versorgt werden müssen und Künstler teilweise sehr anspruchsvolle und außergewöhnliche Wünsche haben. Gute Catering-Kräfte sind da meist jeden Euro wert und sparen auch Geld bei der optimalen Auswahl des Rohmaterials für Speisen und Getränke. Wo man kann, sollte man das Catering möglichst komplett an eine Firma oder den Gastronomen der Veranstaltung abgeben, um sich selbst und die Personalstruktur zu entlasten. Vorlage für die produktionsinterne und künstlerbezogene Speisekarte und den Umfang des kalten Catering bilden die Künstler-Rider und der Personalplan.

Eigenakquise kontra Personaldienstleistungsfirma

Prinzipiell hat man bei jeder Personalgruppe die Wahl zwischen einer Personaldienstleistungsfirma oder der Eigenakquise. Vorteile der Eigenakquise sind die geringen Kosten, da keine Subfirmen mitverdienen, das eigene Auswählen der Kräfte und die nahe Bindung zum Personal. Spätestens ab einer Größenordnung von hundert Mann Gesamtpersonal kommt man nicht um Firmen herum, da es schwierig wird, ausreichend professionelle Arbeitskräfte zu finden und die Gesamtpersonalstärke überhaupt zu erreichen. Dies ist natürlich etwas kostspieliger, aber es verringert auch den Arbeitsaufwand der eigenen Bemühungen, ausreichend gute Leute zu finden. Personalanbieter aus der Veranstaltungsbranche können fast alle Wünsche befriedigen, selbst wenn man eine Subfirmenlawine

4. Personal

nach unten auslöst (Subfirmen suchen sich weitere eigene Subfirmen, um einen kurzzeitigen Spitzenbedarf zu decken).

Auch die Vertragsgestaltung ist mit Subfirmen immer einfacher und damit überschaubarer, weil alle Arbeitskräfte dort gemeldet sind. Der Veranstalter schließt für gewöhnlich nur einen Vertrag über die Anzahl, die Qualität und die Kosten ab, dazu kommt noch die ein oder andere wichtige Vertragsbedingung. Auch Briefings verkürzen sich durch eingespielte interne Führungsstrukturen in den Subfirmen, allerdings herrscht hier die Gefahr, dass der Informationsstrom abreist oder Verfälschungen auftreten, sollten die Informationsstrecken länger sein. Weitere Nachteile der Führung sind die fehlenden Kontrollmechanismen und fehlende Eingriffsmöglichkeiten in die Struktur der Personalsubfirma. Wenn man also eine eigene Komplettstruktur aufbauen will und den wesentlich höheren Aufwand beim Suchen fähiger Leute und große Briefings mit vielen Leuten nicht scheut, ist die Eigenakquise des Personals die bessere Alternative. Sinn hat dies auch, wenn regelmäßig in der gleichen Produktionsgröße mit ähnlichen Personalbereichen gearbeitet oder eine Produktion einmal jährlich begleitet wird. Dann sollte man Datenbanken mit dem selbstgesuchten Personal anlegen und Bemerkungen über die Einsatzmöglichkeiten und die Qualität der geleisteten Arbeit hinzufügen.

Egal wie man sein Personal besorgt, ist eine ausreichende Motivation aller Beteiligten enorm wichtig. Der Umstand, an einer Veranstaltungsproduktion mitzuwirken, hebt lediglich die Motivation jüngerer und unerfahrener Kräfte. Profis kann man mit einem guten Catering, ausreichend Gage, gut durchdachten Planungen und durch eine positive Gesamtatmosphäre zu besten Leistungen bewegen. Ein Produktionsleiter sollte immer ein ruhender Pol im Personalapparat sein und nur in Ausnahmefällen das Personal in scharfem Ton abmahnen.

Motivation

4.4. Pauschalkräfte

Der Sinn von Pauschalkräften und ihre Einsatzmöglichkeiten werden hier vorgestellt. Auch ein Beispiel für einen Aushilfen-Arbeitsvertrag ist aufgeführt.

Pauschalkräfte — Für Jobs, die theoretisch jeder machen kann und in denen es nur eine geringe Verantwortung zu tragen gilt, stellt man am besten Pauschalkräfte ein. Gerade wenn eine größere Zahl an Kräften benötigt wird, sind Pauschalarbeiter sehr effektiv. Die Preise pro Kraft und Stunde liegen momentan zwischen etwa 6 und 18 Euro je nach Region und Marktlage. In einem einfachen Vertrag mit jedem Einzelnen müssen der Lohn, die Arbeitsbedingungen, die Arbeitszeit, der Arbeitsort und die Art der Bezahlung, ob beispielsweise auf Rechnung oder auf Lohnsteuerkarte, erfasst werden; beliebt sind Regelungen im 325-Euro-Rahmen. Bei der Personalkalkulation sollte man prinzipiell nicht die Transport-, Catering-, Arbeitskleidungs- und Unterbringungskosten des Personals vergessen.

Muster-Arbeitsvertrag — Hier ein Muster-Arbeitsvertrag, der sehr allgemein gehalten wurde: Die fettgedruckten Begriffe sind jeweils durch die verhandelten Tatsachen zu ersetzen.

Arbeitsvertrag für Aushilfen (Beispiel) >

4. Personal

<u>**Arbeitsvertrag für Aushilfen**</u>

Zwischen der Firma

xxx Veranstalter xxx

- nachfolgend Arbeitgeber genannt-

und

Herrn/Frau

xxx Pauschalkraft xxx

- nachfolgend Arbeitnehmer genannt –

wird folgender Vertrag geschlossen:

I.
Der Arbeitnehmer wird für den Zeitraum vom **Arbeitsbeginn bis zum Arbeitsende** als Aushilfe für die **Tätigkeit** als Tätigkeit eingestellt. Es werden folgende Arbeitszeiten vereinbart: **Tage, Arbeitzelten, Pausen**.

II.
Der Arbeitnehmer verpflichtet sich, während der Arbeitszeit nüchtern und drogenfrei zu erscheinen. Der Arbeitnehmer hat allen Weisungen des **Vorgesetzten** Folge zu leisten.

III.
Der Arbeitnehmer erhält für seine vertragliche Leistung eine Vergütung in Höhe von **xx,- € (in Worten) pro Zeitbezug**.

IV.
Der Arbeitnehmer verpflichtet sich, die Selbstauskunft vollständig und wahrheitsgemäß auszufüllen **(bei Lohsteuerkarten)** und an der Belehrung und Einweisung teilzunehmen.

Ort, den

Arbeitnehmer   Arbeitgeber

All Area Access

Akquise, Datenbanken

Personal lässt sich über Anzeigen oder Uni-Aushänge suchen, auch Personalvermittlungsdienste oder das Arbeitsamt können helfen. Wenn man Datenbanken mit Kräften aus vorangegangenen Produktionen hat, ist dies natürlich hilfreich und kürzt viele Wege ab. In eine Personaldatenbank sollte auch die Bewertung jedes Einzelnen einfließen. So kann man die Leistungsfähigkeit seines Pauschalpersonalaufgebots nach und nach erhöhen. Bei größeren Volumina von Pauschalarbeitern sollte unbedingt ein Bereichsleiter eingesetzt werden, der die Anwerbung, die Vertragsabwicklung, die Betreuung, den Einsatz und die Ausbezahlung übernimmt.

Einsatzmöglichkeiten

Die Einsatzmöglichkeiten von Pauschalkräften sind sehr groß, theoretisch lassen sie sich überall dort verwenden, wo mehr körperliche und geringere logistische Arbeitsprozesse auftreten und nur wenig bis kein Fachwissen vorausgesetzt wird. Das können beispielsweise Info-, Kassen- oder Verkaufsjobs (Merchandise) sein, eine Arbeit als Gastronomiekraft, Ordnerposten, Parkplatzanweiser ist denkbar, auch für Promotion, leichte Handaufgaben, Dekorations- und Floristiktätigkeiten bieten sie sich an.

Mädchen für alles

Einen speziellen Zweig bilden Kräfte, die als „Mädchen für alles" arbeiten. Sie sind Springer und füllen mit Allround-Fähigkeiten Bereiche mit temporären Kräftemängeln. Daneben führen sie bereichslose Aufgaben, zum Beispiel das Aufhängen von Bannern, aus. Jede mittlere Produktion sollte eine kleine Einheit unterhalten, sie füllen die unplanmäßigen, unregelmäßigen Löcher sehr gut aus und bieten vor Ort eine fähige Improvisationsgrundlage.

Briefings

Jeder Pauschalarbeiter muss seinen Vorgesetzten kennen lernen und ihn permanent erreichen können. Jede ungeführte Kraft ist Verschwendung und schmälert die Eingreifmöglichkeiten in die Produktion. Am besten, man führt größere, bereichsspezifische Briefings durch und erklärt sehr genau in jedem Schritt beziehungsweise in jeder Situation den speziellen Job des Bereichs. Auf Merkblättern sollten die Basics des Jobs, Hinweise zum Arbeitsschutz und relevante Produktionsdaten wie Zeiten und Pläne mitgegeben werden. Am Ende ist die Teilnahme an Briefing und Belehrung über den eventuell nötigen Arbeitsschutz mit einer Unterschrift in einer Liste zu quittieren.

Motivation

Auch die Motivation der Pauschalarbeitskräfte trägt mit zum Erfolg der Gesamtproduktion bei, daher sollte man versuchen, mit ange-

4. Personal

messenen Stundenpreisen, Annehmlichkeiten wie Pässen, freien Getränken oder verträglichen Schichten ein frisches Betriebsklima zu schaffen und durch eine gute Zusammenstellung der Teams alle Kräfte bei Laune zu halten. Die Lohn-Auszahlungen sollten nach dem Abschluss der Arbeiten erfolgen, um den Arbeitsanreiz hoch zu halten. Wenn mehr von den Arbeitskräften verlangt wird, als ursprünglich verabredet, kann durch eine Prämienzahlung ein zusätzlicher Anreiz geschaffen werden. Selbstverständlich muss dies mit dem Veranstalter oder dem Budget-Verantwortlichen abgesprochen werden, es sei denn, solche Maßnahmen wurden vorher im Produktionsleitervertrag legitimiert.

5. Produktionsplanung

Eine umfassende Betrachtung der Planung einer Veranstaltung vermittelt das fünfte Kapitel. Alle Besonderheiten und Arbeitsschritte der einzelnen Produktionsphasen werden erläutert.

5.1. Vorproduktion

Die Konzeption der gesamten Veranstaltung, die Zeitplanung und die Dynamik einer Produktion werden in diesem Abschnitt behandelt.

Ganz zu Anfang der Produktion sollte man eine persönliche To-do-Liste erstellen, in die alles hineingenommen wird, was unbedingt erledigt werden muss und bis wann man damit jeweils fertig sein sollte. Einen Vorteil bringt auch ein Statusfeld, um schnell einen Überblick zu erhalten. Die Liste ist ständiger Begleiter durch die Vorproduktion.

To-do-Liste

Die Planungsphase setzt ein, wenn der Veranstalter ein Konzept der Produktion erstellt. Schon hier werden maßgebliche Punkte bestimmt. Die Arbeit des Produktionsleiters beginnt, sobald er seinen Vertrag mit dem Veranstalter in der Tasche hat und sich über die Arbeitsweise und die Bezahlung einig ist. Dies kann schon bei der Grundkonzeption so sein, so dass der Produktionsleiter Einfluss darauf ausüben und auf diese Weise zur Stabilisierung des Vorhabens beitragen kann. In ein Grundkonzept gehören die Art der Veranstaltung, deren Thema, die Größenordnung der erwarteten Besucher, die Zielgruppe, die Dauer des Events, eine Spezifikation des idealen Veranstaltungsorts, ein möglicher Termin, eventuelle Ausweichtermine, ein Promotionvolumen und natürlich eine Auswahl gewünschter Künstler.

Grundkonzept

Je nach Größe der Produktion lässt sich unterschiedlich früh mit der Planung beginnen. Die einzelnen groben Planungsschritte sind bei jedem Produktionsvolumen gleich, nur die jeweiligen Zeitfenster für den Start, die Dauer und das Ende unterscheiden sich. Je größer das Projekt, desto mehr feine Planungsschritte sind erfahrungs-

Planungsbeginn, synchroner Ablauf aller Gewerke

All Area Access

gemäß notwendig. Bei vielen Veranstaltungen eilen die Promotion und das Booking der Produktion voraus, so dass mehr reagiert als agiert werden muss. Als Veranstalter sollte man auf einen einigermaßen synchronen zeitlichen Ablauf der Hauptbereiche wie Booking, Promotion, Produktion oder Gastronomie achten. Wenn zwei Hauptbereiche in der Planung zeitlich zu sehr auseinander klaffen, wird die Umsetzung meist sehr teuer. Wenn zum Beispiel das Booking einige Bands fest gebucht hat, die Promotion kräftig auf diesen Bands basiert und die Rider dieser Bands nicht mit den geplanten Gegebenheiten der Produktion zusammenpassen, muss diese auf solche Ungleichmäßigkeiten mit einer aufwendigeren Planung, die meist das Produktionsbudget überzieht, reagieren. Hier muss der Veranstalter entscheiden, ob die gebuchte Band den Aufwand wert ist oder ob man, noch ohne Schadensersatz leisten zu müssen, absagen kann. Selbstverständlich bucht ein professionelles Booking erst dann Künstler fest, wenn örtliche Gegebenheiten und Künstler aufeinander abgestimmt sind und alles im Einklang ist.

Dauer der Planung

Wenn die Idee des Projekts und ein Grundkonzept fertig sind, sollte eine Budgetierung über alle Teilbereiche hinweg erfolgen. Dieser Arbeitsschritt obliegt im Wesentlichen dem Veranstalter. Die Leiter der Hauptbereiche, also auch der Produktionsleiter, sollten hierbei mit Informationen aus ihren Bereichen beratend fungieren. Das Budget mit eventuellen Teilbudgets für die Produktion bildet eine wichtige Arbeitsgrundlage für das weitere Arbeiten des Produktionsleiters. Hier werden das Gesamtvolumen und die einzelnen Planungselemente festgelegt. Man sollte selbstredend immer im Rahmen dieses Produktionsbudgets bleiben und nur in veranstaltungsgefährdenden Fällen und mit Rücksprache beim Veranstalter dieses überziehen. Man sollte etwa zwei Monate bei bis zu 1.000 erwarteten Gästen und bis zu einem halben Jahr bei bis zu 50.000 erwarteten Gästen vor der Veranstaltung mit der auf das Grundkonzept folgenden Arbeit beginnen. Die Wahl der passenden Location ist meist schon im Grundkonzept enthalten, sollte dies nicht der Fall sein, ist dies der nächste wichtige Punkt, den es zu bearbeiten gilt (siehe 2.5. Wahl des Veranstaltungsorts).

Technik- und Materialplanung

Auf der gewählten Veranstaltungsfläche ist eine Bühne sowie eine Ton- und Lichtanlage zu konzipieren (siehe 3.1. Bühnentechnik). Bei mehreren Spielorten wiederholt sich der Vorgang, bis alle Bühnen geplant sind. Noch zu besorgendes Material muss jetzt nach Menge und Qualität dimensioniert werden. Dabei sollte man digitale Listen

5. Produktionsplanung

erstellen. Grundlagen sind hierbei neben persönlichen Erfahrungen die Grundrisse des Veranstaltungsorts, die Rider der Künstler und natürlich das Budget. Die Beschaffung des Materials ist oft ein langer und aufwendiger Prozess, es sei denn, man betreut nur eine kleinere Veranstaltung (siehe 3. Material). Die Schwierigkeit, das benötigte Material in den dafür vorgesehenen Budgetrahmen zu pressen, lässt sich durch längere Angebotseinholungsphasen und flexibles Suchen vermindern. Man sollte immer so viele Firmen wie möglich für jeden einzelnen Materialposten bitten, ein schriftliches Angebot zu unterbreiten. Viele Veranstalter wollen mindestes drei Angebote für jeden Posten sehen, um einer möglichen „Vetternwirtschaft" entgegenzuwirken. Ein verbindlicher Termin zu einem Angebotsannahmeschluss muss allen potentiellen Subfirmen mitgeteilt werden. Zu diesem Termin sollten alle bis dato eingegangenen Angebote verglichen werden. Mit diesen Daten kann, zusammen mit dem Veranstalter, das jeweils Beste herausgesucht werden. Die entsprechenden Angebote müssen dann vom Veranstalter schriftlich bestätigt und zurückgefaxt werden. Da viele Angebote mit einer Bestätigungsfrist versehen sind, sollte das alles in diesem Rahmen erfolgen. In der Branche werden meist Vorkassenzahlungen um die 50 Prozent mehrere Wochen vor Aufbaubeginn oder unmittelbar nach der Bestätigung des Angebots fällig. Gerade bei Erst-Veranstaltern ist dies unumgänglich. Um vernünftig mit den Subfirmen weiterarbeiten zu können, sollte der Veranstalter an alle Vorkassen erinnert werden. Eine Liste mit fälligen Zahlungen bietet sich hierfür an. Probleme beim Begleichen von Vorkassenzahlungen können nur vom Veranstalter selbst aus der Welt geschafft werden. Der Produktionsleiter kann lediglich vermitteln; es sein denn, er hat ein eigenes Budget mit allen nötigen Zugriffsrechten auf einem separaten Konto.

Wenn das Material zumindest in der Dimensionierung fest ist, muss mit der Personalplanung begonnen werden. Den Personalbedarf kann man nach dem vorhandenen Material, eigenen Erfahrungen und nach einem elementar festen Grundstock an Arbeitskräften definieren (siehe Kapitel 4 – Personal). Das Ganze sollte man in Listen fassen, die dann mit den einzelnen Personen aus der Akquise gefüllt werden. Gleichzeitig kann man aus denselben Listen die Gesamtpersonalkosten ermitteln. Die Akquise des Personals ist eine langwierige Aktion. Oft müssen Kompromisse eingegangen werden, da nur selten alle Idealbesetzungen gefunden werden. Hier sollte man die jobspezifischen Fähigkeiten und die Vertrauenswürdigkeit als

Personalplanung

primär und Werdegang und Sympathie als sekundär betrachten. Datenbanken aus vergangenen Produktionen sind bei der Eigenakquise sowie bei kommerziellen Personaldienstleitern hilfreich.

Amtsanträge Man darf nicht vergessen, die Amtsanträge zügig zu stellen, wenn alle Informationen dafür vorliegen. Normal sind Bearbeitungszeiten von zwei bis sechs Wochen, je nach Umfang. Bei jedem Amt kann im Vorfeld eine mögliche Bearbeitungszeit erfragt werden. Dies ist besonders bei umfangreichen Anträgen wichtig, um alle Genehmigungen rechtzeitig zu erhalten. Eine gewisse Zeitspanne für Unterlagennachforderungen und Korrekturen sollte eingeplant werden. Dies kann im schlimmsten Fall die Genehmigungsphase verdoppeln. Jedes Amt empfindet es als positiv, wenn es vor dem offiziellen Antrag informiert wird. Und man kann so eventuell schon vor der Abgabe die Bearbeitungszeit senken, wenn man sich einigt, welche Unterlagen eingereicht werden müssen.

Rettungskräfte Auch die Zahl der nötigen Rettungskräfte wie Sanitäter, Notärzte oder Brandschutzwachen ist festzulegen und mindestens vier Wochen vor der Veranstaltung bei den lokalen Behörden und Institutionen anzumelden.

Flow-Diagramm und Aufplanungen Alle zusammengekommenen und noch zu ergänzenden, zeitbezogenen Daten sollte man in ein Flow-Diagramm eintragen. Dieses veranschaulicht grafisch alle Aktionen und Tasks der Produktion von der Aufbau- bis zur Abbauphase. Beginnen sollte es bei der Übergabe des Veranstaltungsorts und schließen mit dem Zeitpunkt der Rückübergabe der Location an den Besitzer. Horizontal trägt man die Tage und Stunden ein; vertikal alle nur erdenklichen Aktionen und Personal- sowie Materialbewegungen und sortiert diese. Immer wenn die jeweilige Aktion, Personaleinheit oder Materialbewegung stattfindet, wird die Stunde mit einer genauen Zeitangabe markiert. Unterschiedliche Farben zur Markierung der sortierten Vertikalbezeichnungen machen das Diagramm übersichtlicher. In die unterste Zeile sollten alle Tagesereignisse und alle Tasks eingetragen werden. Aus einem fertigen Flow kann man zu jedem Zeitpunkt in der Produktion alle aktuellen Informationen ablesen und auch die weiteren Abläufe sich übersichtlich vor Augen halten. Neben den grundrissorientierten Aufplanungen (am besten in CAD) ist dieses Element der Vorproduktion das Wichtigste.

5. Produktionsplanung

Zweimal im Jahr findet an einem Wochenende eine Zeitumstellung statt. Anstatt den Produktionszeitplan (Flow) mit komplizierten Verschiebungsalgorithmen zu versehen, sollte lieber festgelegt werden, ob global Sommer- oder Winterzeit bis zum Schluss der Abbauphase gilt. Wenn unbedingt ein Wechsel eingebaut werden soll, bietet sich dies bei Mehrtagesproduktionen in den Nachtphasen an. Vorsicht geboten ist bei der Timecode-Programmierung bei Licht- und Tonshows.

Zeitumstellung

Sehr stabil, aber nur mit einem eingespielten Team machbar, ist eine eigene Produktionszeit (00:00 bei Aufbaubeginn). Das System läuft völlig abgekoppelt von der realen Zeit und kapselt die Produktion ab. Bei allem, was mit der Welt außerhalb der Baustelle abgesprochen werden muss wie Lieferungen, Ankunftszeiten von Künstlern, Programminfos für die Presse usw. ist dann natürlich Vorsicht geboten. Das autarke Zeitmodell eignet sich nur für große Produktionen mit einer fest eingespielten Crew und einem professionellen Produktionsleiter.

eigene Produktionszeit

Aufpassen muss man beim Erstellen des Flow-Diagramms mit MS Excel, zumindest bis zur XP-Version, hier können nur maximal 255 Spalten genutzt werden; bei einer 24-Stunden-Einteilung lassen sich so nur zehn Tage darstellen. Besser greift man hier zu Programmen wie MS Projekt, die speziell für solche Anwendungen entwickelt wurden.

Flow-Diagrammerstellung

All Area Access

Datum											F
Uhrzeit	00:00	01:00	02:00	03:00	04:00	05:00	06:00	07:00	08:00	09:00	10:00
Personal											
Robert Heinze (PL)											
Michael B. (PLA)											
Jörg D. (SM gr. Bühne)											10:0
Ellen (SM kl. Bühne)											10:0
SPU (Outdoor)											
Alex W. (Hand Instrukter)											
Katrin S. (Disco)											10:0
Personalcaterer											
Sebastian R. (Stände)											
Björn K.(Strom)											
Security, Baustellenabsicherung											
Security, Veranstaltung											
Hands, Trassierung											
Hands, Stage											
Hands, Diverse									08:00		
Kassenkräfte											
Runner											
Stromteam											
Backstage Manager											10:0
Künstlerbetreuer											10:0
Material											
amtliche Abnahmen											Herr
Sanitäter											
Krankentransportwagen											
Kleinmaterial											
Sanitärcontainer											
Anschlüsse Wasser											
Strom											
Bühne											
Technik											
Kassen											
Absperrmaterial											
Telephonanschlüsse											
Funken											
Reinignung											
Gastro											
Catering											
Programm											
Einlass Zelten/Parken											10:0
Einlass VA-Gelände											
Soundchecks Hauptbühne											
Bands Hauptbühne											
Soundchecks kleine Bühne											
Bands kleine Bühne											
Lesungen											
Disco I											
Disco II											
Mittelalter											
Tasks									Abschließende Arbeite		

5. Produktionsplanung

12.01													
13:00	14:00	15:00	16:00	17:00	18:00	19:00	20:00	21:00	22:00	23:00	00:00	01:00
eit													
Stagemanager Hauptbühne											01:00	
Stagemanager Nebenbühne											01:00	
Künstlerbetreuer											01:00	
14:00												
	14:00				9 bis 5 Mann Security (s. Schichten)							
13:00			5 Hands							0:00		
							20:00					
13:00		2 Kasskräfte + Duschkassierer							23:00			
Backstagemanager											01:00	
Künstlerbetreuer											01:00	
d Zeltabnahme												
		15:00			2 Sanitäter						01:00	
	14:00				DOORS OPEN							
12:45 Soundcheck		16:45					Bands			23:30		
				17:00								
13:15 Soundcheck				17:45								
					18:00		Bands				00:30	
	14:00		Lesungen							23:30		
13:00 Soundcheck		16:30									00:30 Disko	
										23:30 Tanznacht		
	14:00			Mittelalter								02:00

des gesamten Personals

Flow-Diagramm (Beispiel)

All Area Access

Dynamik kontrollieren

In der Vorproduktion oder Planungsphase versucht man mit allen zur Verfügung stehenden Mitteln, das dynamische Gebilde der Veranstaltung, die durch die Planung der mitwirkenden Künstler, das Auftreten der Veranstaltung nach außen und das Budget maßgeblich definiert ist, in den Schranken der Realisierbarkeit zu halten. Das dynamische Verhalten einer Veranstaltung kann man durch detaillierte Planung und Erfahrung berechenbar und leichter kontrollierbar machen. Jedoch reichen kleine Fehler in der Vorproduktion aus, um das Chaos, das nie vollständig auszuschließen ist, in höheren Größenordnungen ausbrechen zu lassen. Fehler und Ungenauigkeiten in der Planungsphase potenzieren sich in der Vor-Ort-Phase. Gründe dafür sind das kurze Produktionszeitfenster, gerade, was noch zu erledigende Beschaffungen und Akquise angeht, und gefestigte Arbeitsstrukturen. Während der Aufbauphase stürzen alle möglichen Ereignisse gnadenlos auf die Material-, Personal- und Zeitplanung ein, so dass eine Korrektur entstehender Verzögerungen und Ausfälle nur sehr schwer möglich ist. Man sollte also die Planungsphase nutzen, um eine stabile Produktion aufzubauen, die in allen nur erdenklichen Situationen gut funktioniert. Hilfreich ist dabei das permanente Durchspielen aller Abläufe mit Hilfe des Flow-Diagramms.

Booking und Rider

Zur Kommunikation mit den anderen Hauptbereichen des Veranstalters dient neben Listen und Plänen im Wesentlichen das Line up, die Auflistung des Programmablaufs. Am besten, man bereitet in der Produktion leere Masken nach den in diesem Bereich bekannten Einschränkungen wie Kapazitäten, Einlassbeginnmöglichkeiten oder Ende der Veranstaltung durch Emissionsschutzgesetz des Ordnungsamtes vor und gibt auf diese Weise dem Booking eine Arbeitsgrundlage. In weiteren Arbeitsschritten wird das Ganze mit Künstlern und Aktionen gefüllt. Die Produktion hält danach ein vorläufiges Line up in Händen. Die Rider der Bands vermitteln weiterhin Maßgaben und Wünsche der Künstler an die Produktion. Diese Daten, die optimal digital ausgetauscht werden, bilden wiederum eine Grundlage für die Arbeit der Produktion. Fast immer fehlen einige Rider, dann sollte das Booking nach möglichen Anforderungen beziehungsweise nach einem Standardpaket gefragt werden. Dies ist besonders bei der Backline-Planung, was etwa die Instrumente angeht, elementar. Damit Umbaupausen kurz und einfach gehalten werden, bietet sich die Stellung einer Standard-Backline an. Das setzt allerdings voraus, dass alle Künstler mit ähnlichen Instrumentenbestückungen spielen. General Rider haben sich positiv bei

5. Produktionsplanung

Festivals bewährt. Dabei wird der Rider-Weg umgekehrt und den Künstlern ein Rider mit allen Maßgaben der Veranstaltung zu Technik, Backline, Zeiten, Anfahrten, Telefonnummern usw. zugesandt, der von den Künstlern unterschrieben zurückgeschickt werden sollte. Einzelne Rider der Künstler sind natürlich trotzdem noch willkommen.

Immer sinnvoll ist ein Telefonat mit den Technikern der einzelnen Bands, um Details abzusprechen. Die Nummern finden sich fast immer auf den Ridern. Auch eine Brücke zwischen dem Gasttechniker, der auf Seiten der Bands arbeitet, und dem Servicetechniker beauftragter Subfirmen hat klärende Eigenschaften. Seitens der Produktion sollten auch die Künstlerverträge durchgegangen werden, da die miteinander vereinbarten Punkte in hohem Maße den Produktionsbereich betreffen können. Vorteilhaft ist es, wenn das Booking alle die Produktion betreffenden Punkte in den Künstlerverträgen zusammenstellt. Dies erspart das Sichten aller Verträge, die unter Umständen recht umfangreich ausfallen können.

Künstlerverträge

Auch bei der Geschäftsleitung sollte regelmäßig nach neuen Gegebenheiten gefragt und natürlich Bericht über die aktuelle Lage des Planungsstands und die momentan aufgelaufenen Kosten erstattet werden. Am bestem trifft man sich einmal die Woche zu einer Produktionssitzung. In der heißen Phase sollte man sich allerdings täglich treffen. Die Kontakte mit Promotion und Presse sind recht gering und beschränken sich auf das Weitergeben öffentlicher Produktionsdaten, zum Beispiel Rahmenzeiten oder Anfahrtspläne.

seitliche Kommunikation

Ist alles geplant und könnte man mit dem Aufbau anfangen, sollte alles noch einmal in aller Ruhe und mit viel Konzentration durchgespielt werden. Man versucht, das Ganze aus Sicht eines fiktiven Gastes, eines Künstlers, eines Stagemanagers und natürlich aus dem eigenen Blickwinkel zu betrachten. Das kann schon mal eine Stunde dauern und ist natürlich um so effektiver, je länger und detaillierter man sich damit beschäftigt.

gedankliches Durchspielen

All Area Access

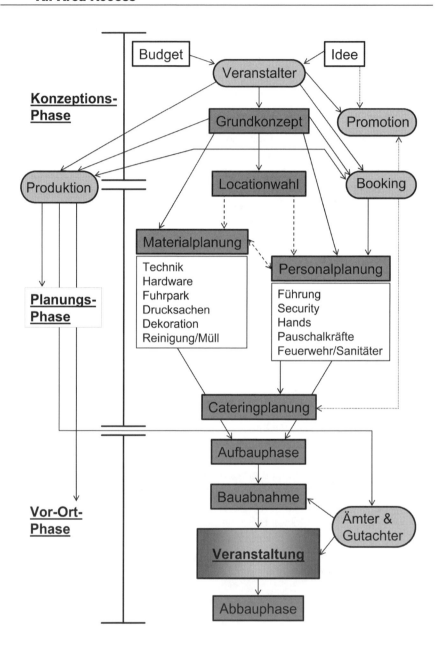

Zeitphasendiagramm (Beispiel)

5.2. Aufbauphase

Was alles beim Aufbau vor Ort zu beachten ist und in welcher Reihenfolge ein Aufbau erfolgen kann, ist hier festgehalten.

Die Aufbauphase ist die erste „Vor-Ort-Phase"; hier verändert sich das Arbeitsumfeld eines Produktionsleiters entscheidend. Die Länge dieser für die Veranstaltung maßgeblichen Periode hängt in entscheidendem Maße vom Volumen der Gesamtproduktion ab. Bei kleineren Veranstaltungen reichen wenige Tage bis Stunden. Bei großen Baustellen kann dies auch mehrere Wochen dauern. Beginn der Aufbauphase ist meist die Übergabe des Veranstaltungsorts an die Produktion. Dabei werden auch oft Haus- und Verkehrsrecht auf den Veranstalter und somit auf die Produktion übertragen. Das unwiderrufliche Ende der Aufbauphase ist der feste Zeitpunkt der ersten Öffnung des Geländes beziehungsweise der Halle für die Öffentlichkeit (Doors open). Ihn kann man nur sehr schwer verschieben. Diese obere Zeitschranke des Aufbaus sollte immer als feste Größe betrachtet werden.

Dauer der Aufbauphase

Um einen pünktlichen Beginn der Veranstaltung zu sichern, bieten sich Puffertage oder -stunden an, die aber meist sehr kostenintensiv sind. Bei der Kalkulation des Puffers sollte eine Betrachtung der Produktionskosten im Zeitverhältnis erstellt werden. Diese Zahl ist an sich schon interessant und kann von wenigen hundert Euro pro Tag bis zu mehreren tausend Euro pro Stunde gehen. Hier sollte man den Veranstalter fragen, wieviel ihm ein pünktlicher und stabiler Beginn der Veranstaltung wert ist und danach seinen Puffer dimensionieren.

Puffer

Vom ersten Augenblick an sollte man vor Ort eine Handkasse mit ausreichend Bargeld führen, um kleinere finanzielle Angelegenheiten sofort regeln zu können. Die Größe der Handkasse sollte im Vorfeld mit dem Veranstalter besprochen werden.

Handkasse

Das erste, worum man sich nach der Location-Übergabe kümmern muss, ist das Produktionsbüro und inwieweit es einsatzfähig ist. (siehe 2.13. Produktionsbüro). Dies sollte nur wenige Stunden dauern. Von dort aus kann man nun in Ruhe die Produktion nach und nach aufbauen.

Produktionsbüro

All Area Access

Material- Vor Ort ist man abhängig von den Materiallieferungen. In der Vorpla-
lieferungen nung sollte daher schon ein genaues Konzept angefertigt werden. Damit ein optimales Entladen der Trailer erfolgen kann, gilt es, zu Beginn die Baufreiheit für alle schweren Lieferungen herzustellen. Jeder Trailer muss vom öffentlichen Verkehrsraum ohne Probleme zur jeweiligen Abladungsstelle gelangen. Dabei ist besonders auf die lichte Höhe zu achten. Ziel ist ein geordnetes Entladen. Wenn alle Lieferungen auf einmal ankommen, können lange Wartezeiten entstehen. Bei jedem Abladen sollten immer ausreichend Hands (zwei bis sechs) und eventuell ein Gabelstapler zur Verfügung stehen. Danach ist ein Lieferschein zu bestätigen und eine Kopie davon zu den Veranstaltungsunterlagen zu heften.

Bühnenaufbau Sobald Material auf der Baustelle vorhanden ist, sollte ein Security-Posten zum Bauschutz vor Ort sein. Vorhandenes Material muss man so schnell wie möglich verbauen, weil eine Zwischenlagerung mehr Arbeit bedeutet und teilweise die Baufreiheit gefährdet. Zuerst muss schweres Material wie Container und Zäune an den Bestimmungsort gebracht und aufgebaut werden, denn das Ganze gestaltet sich recht zeitaufwendig und beansprucht relativ viel Platz (siehe auch 3.5. Hardware). Es empfiehlt sich, vom Inneren der Location nach außen zu bauen. Im Zentrum des Veranstaltungsorts befindet sich die Bühne, die besondere Aufmerksamkeit verdient. Bei Ground-Support-Bühnen muss zunächst das Bühnenpodest aufgebaut werden, dann das Truss-Dach.

Dies dauert bei einer 10 m x 10 m großen Bühne mit sechs Hands rund vier bis sechs Stunden – je nach Bühnentyp. Die Reihenfolge der Bühnenelemente (auch Dach und Podest) und die Aufbauzeiten hängen von dem Untergrund, dem Zustand des Materials, von den Arbeitskräften, vom Wetter (outdoor) und entscheidend vom Bühnensystem ab. Viele Hersteller geben Auskünfte über Auf- und Abbauzeiten. Auch im möglicherweise vorhandenen Bühnenbuch können dazu Hinweise gefunden werden. Wenn Licht- oder Tontechnik geflogen werden soll, sind zunächst die Rigger an der Reihe. Ist das Truss fertig eingehängt, kann das Bühnenpodest aufgebaut werden. Fliegen dauert oft etwas länger als die Ground-Support-Variante, da das Rigging meist mit Arbeitsbühnen, so genannten Steigern, erledigt werden muss.

Testen Wenn die Bühne steht, können Abhängungen wie Backdrop, Sei-
der Technik tenabschluss oder Dekorationen befestigt werden. Danach ist die

5. Produktionsplanung

Technik dran, wobei sich Licht- und Tontechnik meist parallel einbauen lassen. Tonanlagenchecks sollten ausschließlich tagsüber erfolgen, um eine Lärmbelästigung zu vermeiden, Lichtchecks dagegen ausschließlich nachts, um die Lichtverhältnisse korrekt prüfen zu können.

Bereits in der Vorplanung können mit einem guten Kalender Sonnenauf- und Untergangszeiten ermittelt werden. Das Tageslicht ist für den Aufbau wichtiger, als man zunächst annehmen möchte. Eine Stunde vor Sonnenuntergang sollte über Funk vor der einbrechenden Dunkelheit gewarnt werden. So haben alle Bautrupps noch die Chance, rechtzeitig und in Ruhe Baufluter oder andere Leuchten zu positionieren und anzuschließen.
Arbeiten in Dunkelheit

Gegen Ende des Aufbaus sollten Stände zwecks Merchandising postiert werden. Die einzelnen Plätze können im Vorfeld mit Kreide oder Flatterband markiert werden. Zum Schluss sollten alle Kleinarbeiten erledigt sein und das Gelände für das Publikum vorbereitet, also gereinigt und von überflüssigem Material befreit werden.
Stände und Abschluss der Arbeiten

Nach dem abschließenden Check durch den Produktionsleiter und der letzten Beseitigung von Mängeln ist der im Vorfeld ausgemachte Termin zur Amtsabnahme dran (siehe 2.9. Amtliche Abnahme).
Abnahme

Während des Aufbaus kann die Personalstruktur recht gut überschaut werden. Anweisungen zu geben, teilweise direkt durch den Produktionsleiter, ist leicht, da lediglich Aufbautrupps vor Ort sind. Funkgeräte sind schon in der Aufbauphase definitiv notwendig. Ein kleineres Kontingent, das am Doors-Open-Tag auf die volle Anzahl verstärkt wird, bietet sich an. Pässe sind nicht ganz so wichtig, da sich ohnehin keine Security (außer Bauschutz) vor Ort befindet. Für das Team ist es jedoch nicht schlecht, wenn schon einige vorhanden sind. Von entscheidender Wichtigkeit ist allerdings das Lokal-Crew-Catering. Es müssen ausreichend Getränke und vernünftiges Essen verfügbar sein. Wenn der Gastronom dies nicht realisieren kann, sollte ein separater Caterer bestellt werden.
Personalstruktur vor Ort

Für alle Arbeitskräfte gültig sind allgemeine Arbeitsschutzbestimmungen, was zum Beispiel das Arbeiten in großen Höhen oder den Umgang mit Werkzeug angeht (siehe UVV/Unfallverhütungsvorschriften). Was dies betrifft, sollte eine Arbeitsschutzbelehrung erfolgen, die alle Arbeitskräfte unterschreiben.
Belehrungen über den Arbeitsschutz

All Area Access

Ein- und Auschecken
Jede Arbeitskraft hat im Produktionsbüro ein- und auszuchecken, das ist besonders in Schichtsystemen wichtig. Außerdem muss darauf geachtet werden, dass alle ausreichend schlafen, etwa acht Stunden. Viele Hands haben die Gewohnheit, nach Feierabend noch etwas zu trinken. Das ist an sich kein Problem, wenn die Schlafzeiten und die Fitness am nächsten Morgen nicht darunter leiden.

Personalfluktuation
Je näher der Veranstaltungsbeginn rückt, desto mehr Personalgruppen wie Presse, Künstlerbetreuung oder Security sind am Veranstaltungsort zu finden. Sobald diese da sind, sollte ein spezifisches finales Briefing vor Ort durchgeführt werden. Gerade den Security-Kräften und deren Einsatzleiter muss das Gelände genauestens erläutert werden. Auch alle Rettungskräfte sind präzise einzuweisen.

Künstler und Soundcheck
Während des Aufbaus treffen meist auch die ersten Künstler ein, die von der Künstlerbetreuung vor Ort versorgt werden. Die Bühnen und die Techniker sollten sich für die planmäßigen Soundchecks bereithalten. Wenn Gäste vorzeitig kommen, sind diese durch Absperrungen und Security, notfalls durch den Bauschutz, vom Veranstaltungsgelände fern zu halten.

Stress
Der größte Stress für den Produktionsleiter in dieser Phase entsteht, wenn sich Materiallieferungen verspäten oder gar nicht erst kommen und dadurch die Zeitplanung gestört wird. Ähnlich ist es mit ausgefallenem Personal. Sobald die Behörden die Veranstaltung abgenommen und freigegeben haben, entspannt sich die Situation erheblich.

Das Wichtigste in der Aufbauphase ist, nichts zu vergessen und pünktlich fertig zu werden.

5. Produktionsplanung

5.3. Veranstaltungsphase

Welche prinzipiellen Sachverhalte nach „Doors open" für einen Produktionsleiter entscheidend sind, wird hier erläutert.

Die Veranstaltungsphase beginnt, wenn alle Vorbereitungen und Aufbauarbeiten abgeschlossen sind und das Kommando „Doors open" gegeben werden kann. Bis zur Öffnung des Einlasses sollte dieser mit ausreichend Security gegen ein vorzeitiges Eindringen von Gästen gesichert werden. Meist bildet sich schon Stunden vor der Doors-Open-Zeitschwelle eine Einlasstraube mit Besuchern. Da die tatsächliche Einlassöffnung und der geplante Zeitpunkt dabei öfter nicht übereinstimmen, gilt es, die Leute zu beruhigen (mit Informationen und vielleicht sogar mit Freigetränken, die vor den Einlass gebracht werden) und den Einlass gut zu sichern. Die Gründe einer Verzögerung liegen meist bei überzogenen Soundcheck-Zeiten durch die Bands und nicht fertigen Aufbauarbeiten durch zu eng kalkulierte Aufbauzeiten. Weitere Gründe können darin liegen, dass das Personal nicht einsatzbereit ist oder Material fehlt, zum Beispiel zu wenig Kassen oder Kleingeld vorhanden sind. Wenn vor der Öffnung Gäste auf das Veranstaltungsgelände kommen, dauert alles nur noch länger, da viele Bands während ihres Soundchecks keine Gäste dulden, diese meist noch nicht bezahlt haben und nicht kontrolliert wurden. So ist die Security gezwungen, das Gelände erst einmal zu räumen. Wenn es dann soweit ist, und alle Bereiche bereit sind, sollte der Doors-Open-Befehl traditionell vom Produktionsleiter am Einlass und via Funk gegeben werden. Damit hat die Veranstaltung begonnen.

Doors open

Hat man alles richtig gemacht, ist diese Phase gleichzeitig der Höhepunkt des Projekts und die für den Produktionsleiter ruhigste Zeit. Die Personalstruktur sollte die gesamte Veranstaltung tragen, so dass man selbst für keine explizite Aufgabe benötigt wird. Es kommt schon öfter mal auf sehr gut vorbereiteten Veranstaltungen vor, dass sich der Produktionsleiter langweilt, weil einfach ohne großes Zutun seinerseits jedes Zahnrad in das nächste greift. Dieser Idealzustand verlangt natürlich eine sehr gut eingespielte und hervorragend gebriefte Belegschaft sowie zuverlässiges Material. Die Realität sieht allerdings meist anders aus: schon kleine Fehler oder fehlendes Personal verursachen unter dem Druck der laufenden Veranstaltung – bei mit erwartungsgeladenen Gästen gefüllten Ver-

Überblick behalten

anstaltungsflächen und mit fordernden Künstlern gefüllten Backstages – hohe Anspannung beim Produktionsleiter und dem gesamten Team. Oberstes persönliches Gebot ist, sich nicht aus der Ruhe bringen zu lassen und immer die Übersicht zu bewahren. Ein Anfängerfehler ist es, wenn man versucht, alles (gerade körperliche Arbeiten) alleine zu bewältigen. Dabei verzettelt man sich irgendwann zwangsweise und verliert den so wichtigen Überblick über die Veranstaltung. Der „Metablick" stellt sich erst nach ein paar Produktionen und einiger Erfahrung ein. Gerade bei Großproduktionen sollte man das Produktionsbüro nur in sehr wichtigen Fällen verlassen und alles über das Funksystem und das Personal lösen. Das eigene Funkgerät muss immer einsatzbereit sein; der Funkverkehr sollte ständig mitgehört werden. Wenn das eigene Handy zu oft frequentiert wird, sollte man es einem Assistenten übergeben und sich ebenfalls über die Funkgeräte mit dem neuen Handyträger verständigen.

Personalstruktur während der Veranstaltung

Die gesamte Personalstruktur ändert sich nicht unwesentlich während der Veranstaltung: Da die Aufbauarbeiten abgeschlossen sein müssen, werden die Sidecrew-Hands nur in verringerter Zahl als Standby benötigt. Dafür braucht man jetzt um so mehr Stagehands auf den Bühnen. Sie müssen die Backline auf die Bühne bringen, den Umbau gemeinsam mit den Technikern realisieren und alle direkt an den Bühnen anfallende Arbeiten erledigen. Dabei werden sie von den Stagemanagern geführt. Diese wiederum tragen dafür Sorge, dass im Regelfall kein Problem von den Bühnen zur Produktion durchdringt und sind für einen reibungslosen wie delayfreien Ablauf auf ihren Bühnen zuständig. Die für die Show notwendigen Künstler sollten durch die Künstlerbetreuer zu ihren Bühnen geführt und dort von den Stagemanagern übernommen werden. Die Security hat während der Veranstaltung volle Personenstärke, wogegen in der Auf- und Abbauphase eine reduzierte Zahl für Bewachungszwecke ausreicht. Weitere Personalbereiche werden erst und meist auch nur in der Veranstaltungsphase aktiv: Catering-Kräfte fürs Publikum, das Backstage Management, Gastronomie-, Kassen- und Rettungskräfte sowie Parkeinweiser. Man darf allerdings nicht den Fehler machen, all dieses Personal erst zum Einlasszeitpunkt zu bestellen. Ausreichend Zeit ist einzuplanen, um alle Mitarbeiter noch einmal vor Ort zu briefen und mit dem Gelände vertraut zu machen.

5. Produktionsplanung

Nicht nur für die Besucher, auch für die Produktion stehen die Künstler im Mittelpunkt der Veranstaltung. Sie erwarten einen sauberen, abschließbaren Backstage, ein gutes Catering und einen reibungslosen Ablauf. Schon im Vorfeld muss man planen, wie sie an ihre Pässe und an ihre Kontaktperson aus der Künstlerbetreuung herankommen, ohne dabei allzu vielen Gästen über den Weg zu laufen. Separate Künstlereinlässe haben sich hier gut bewährt. Die Rider der Künstler, die auch immer vor Ort sein sollten, geben über die wichtigsten Forderungen an die Produktion Aufschluss. Da solche Rider fast immer auch Vertragsbestandteil zwischen Künstler und Veranstalter sind, ist ihre Erfüllung mehr als nur eine Höflichkeit. Ab und zu kommt es vor, dass Groupies in den Backstagebereich wollen. Das ist in Ordnung, wenn die entsprechende Band das auch will. Aufgepasst werden muss, dass sich keine andere Band dadurch gestört fühlt. Im Zweifel sollte man immer den Zutritt zum Backstage für Groupies verbieten.

Künstler

Den Takt geben im Wesentlichen die Bühnen an. Um sie herum wird alles andere angeordnet. Nach dem Einlass sollte etwas Zeit vergehen (etwa ein bis zwei Stunden), damit sich die Besucher vor den Bühnen sammeln können. Dann sollte der Opener (erste Band der Bühne) pünktlich mit seinem Auftritt anfangen und auch pünktlich damit fertig werden. Eventuelle Zugaben müssen vorab eingeplant werden. Jedes Delay summiert sich am Ende des Veranstaltungstages und setzt das Personal unter Stress, von den Mehrkosten ganz abgesehen. Kritisch ist es, wenn man amtliche und damit verbindliche Schlusszeiten hat, um zum Beispiel Ruhestörungen zu vermeiden. Alle Akteure sollten streng nach Line up auftreten und auch in den Umbaupausen schnell und Hand in Hand mit der Bühnenbesatzung zusammenarbeiten. Hartnäckige Bands, die die Zeit unbedingt überziehen wollen, sollten nach ihrem „letzten" Titel durch einen beherzten Griff ins Tonpult von der PA abgeschnitten werden. Durch die Bühnencrew kann bereits während eines Gigs die nächste Umbaupause (Change over), zum Beispiel durch Stellung der nächsten Backline an den Bühnenrand oder hinter die Bühne, vorbereitet werden.

delayfreies Change over

Das Ende einer Veranstaltung wird praktischerweise von einer Bühne aus über die PA den Besuchern angezeigt. Nach mindestens einer Stunde, in der man das Verlassen der Besucher vom Gelände abwartet, kann die Security mit der Räumung aller Gäste beginnen. Es gibt mehrere Mittel, um hartnäckige Gäste zu vertreiben. So kann

Ende der Veranstaltung

All Area Access

man in einer Halle das Saallicht anschalten, einfach frech Besen verteilen, nervtötende Musik spielen oder ein Absperrband von hinten nach vorn durchziehen. Sobald der letzte Gast vom Veranstaltungsgelände verschwunden ist, muss das Objekt durch einige wenige Security-Kräfte bis zum nächsten Einlass beziehungsweise bis zum Ende des Abbaus gesichert werden. Bei mehreren Veranstaltungstagen ist es sinnvoll, die Zeit nach dem Curfew bis zum nächsten Einlass für Reinigungsarbeiten, Neubestückungen und eventuell anfallende Sidecrew-Arbeiten, etwa, um Zäune umzusetzen, zu nutzen. Bei der Zwischenreinigung sollten alle sanitären Einrichtungen nicht vergessen werden. Die Technik gilt es nicht nur gegen Diebstahl, sondern bei mehrtägigen Freiluftveranstaltungen auch vor Regen und Unwetter zu schützen. Ein Absenken des Bühnendachs und ein paar Plastikplanen helfen. Nicht nur für die Sicherheit der Technik ist es günstig, sich täglich den Wetterbericht zu besorgen. Wenn man das Abräumen und Neubestücken der Freiluftgastronomiestände scheut, kann man auch Nachtwachen an jede Bar setzen.

mehrtägige Produktionen

Viele Veranstaltungscrews neigen bei mehrtägigen Veranstaltungen zwischen den Produktionstagen dazu, ordentlich zu feiern. Das ist natürlich in Ordnung und auch wichtig, aber auch die Schlafzeiten sollten entsprechend genutzt werden, damit jeder am nächsten Tag fit genug ist, all seine Aufgaben zu erfüllen. Wenn die Zeit zwischen zwei Produktionstagen für einige Personalgruppen, zum Beispiel die Security, zu eng für ausreichen Schlaf ist, muss man ein Schichtsystem einführen und auch die zusätzlichen Kräfte und Kosten akzeptieren. Dem Veranstalter sollte bewusst gemacht werden, was durch lange Veranstaltungsabende und frühe Startzeiten notwendig gewordene Schichtsysteme in Form von mehr Personal kosten. Oft lohnt es sich, die Veranstaltungszeiten an das Einschichtsystem anzupassen, gerade wenn man bedenkt, dass auch Schichtübergaben Zeit kosten und Fehlerquellen bergen können.

Dokumentation

Um eine Revision der Veranstaltung durchführen zu können und wichtige Ereignisse festzuhalten, bietet sich ein Produktionstagebuch an. Hier kann man chronologisch geordnet alle Vorfälle dokumentieren. Es lassen sich hier auch tabellarisch alle Arbeitsstunden des Personals festhalten. Technisch aufwendiger, aber umfassender ist eine Aufzeichnung des Produktionsfunks. Tagebuch, akustische Aufzeichnungen und auch Fotos sind gute Hilfen für die Vorbereitung der nächsten Veranstaltung.

5. Produktionsplanung

Hier noch ein paar Hinweise zur eigenen Gesundheit: Aufgrund von Hektik und Anspannung kommt man kaum zum Schlafen. Doch mindestens vier Stunden pro Tag sind Pflicht. Wenn man nicht ausreichend schläft, ist man immer unkonzentrierter, und das Arbeiten verliert an Effizienz. Es ist wenig sinnvoll, bis zum Umfallen zu arbeiten und dann zu schlafen. Vielmehr sollte man einen festen Rhythmus einhalten, danach kann man ein Schichtsystem einrichten; zumindest weiß dann jeder, dass Ruhezeit herrscht. Auch das Essen und vor allem das Trinken darf auf keinen Fall vergessen werden. Man hat in Stresssituationen wenig Lust auf Nahrung, aber einmal pro Tag sollte unbedingt etwas zu sich genommen werden. Drei Liter pro Tag an Getränken, am besten stilles Wasser, sind wichtig. Alkohol während des Jobs verbietet sich für die komplette Crew und auch für den Produktionsleiter von selbst. Aber auch nach Dienstschluss sollte, wenn überhaupt, nur in Maßen Alkohol getrunken werden. Wenn man Drogen während einer Veranstaltung nimmt, macht man sich in Krisenfällen fahrlässig strafbar – wie beim Autofahren auch. Ein paar Vitamintabletten sind hingegen nützlich, um die reduzierte und schlechtere Ernährung vor Ort ein wenig auszugleichen. Kaffee und Energiedrinks sind in Maßen (!) sinnvoll, um lange Veranstaltungsnächte durchzustehen.

eigene Gesundheit

Da auch sehr viel gelaufen werden muss und man nicht immer einen Motorroller oder ein Fahrrad vor Ort hat, empfiehlt es sich, Turnschuhe zu tragen, um Blasen und Fußschmerzen zu verhindern. Die tägliche Hygiene (Duschen, Kleidung) sollte auch nicht vernachlässigt werden; man hat sie vor Ort um so dringender nötig.

5.4. Abbauphase

Alles was es nach einer Veranstaltung zu beachten gilt und wie lange der Abbau dauert, wird hier verdeutlicht. Dazu gehören auch abschließende Treffen mit dem Veranstalter.

Wenn zum letzten Mal der letzte Gast die Veranstaltungsfläche verlassen hat, ist die Veranstaltung vorbei. Das gesamte Team ist dann in der Regel völlig erschöpft und „kaputtgespielt". Doch nun beginnt eine der beschwerlichsten Zeitspannen: der Abbau.

Abbauphase

Zunächst muss man das geräumte Veranstaltungsgelände durch einige Security-Kräfte sichern. Sie müssen das Gelände von außen

Sicherung der Location

her abriegeln und sollen vor Diebstählen schützen. Dies ist natürlich einfacher, wenn die Veranstaltung in einem abschließbaren Gebäude oder in einer Halle stattgefunden hat.

Abbau und Reinigung

Parallel dazu können Hands und Techniker mit dem Abbau des kompletten Produktionsmaterials beginnen. Ist alles geräumt, ist die Reinigung angesagt. Wenn keine separate Firma damit beauftragt wurde, gilt es, neben ausreichend Reinigungskräften auch genügend Reinigungsmaterial auf Lager zu haben. Auch einen Entsorgungsort für den angefallenen Müll muss man finden. Ziel ist es, den Veranstaltungsort wie bei der Übergabe vorgefunden, wieder zu verlassen.

Final Check und Rückübergabe der Location

Am Ende der Abbauphase steht der „Final Check", bei dem der Produktionsleiter noch einmal persönlich alles abgeht und den Zustand des Veranstaltungsgeländes kontrolliert. Danach kann man mit gutem Gewissen das Gelände an den Eigentümer zurückübergeben. Sollten Schäden aufgetreten sein, muss mit dem Vermieter ein Protokoll mit eventuellen Fotos erstellt werden. Der Veranstalter kann damit seinen Versicherungsschutz aktivieren.

Abbaureihenfolge

Am langwierigsten ist fast immer der Abbau von verbautem Absperrmaterial, zum Beispiel des Bauzauns. Generell gestaltet sich das, was beim Aufbau schon viele Kapazitäten verbraucht hat, auch beim Abbau mühselig. Ein konkreter Abbauplan ist spätestens dann sinnvoll, wenn mehrere große Fahrzeuge auf das Gelände müssen, um Material zu laden. Die Aufbauplanung sollte dann „invertiert" werden. Das heißt, Material, das als letztes aufgebaut wurde, wird als erstes wieder abgebaut und eingeladen.

Abbaupersonal

Genauso wie in der Aufbauphase ist es für die Crew vor Ort wichtig, dass das Catering nicht nur während der Veranstaltung, sondern auch in der kompletten Produktionszeit funktioniert. Sobald Crew-Mitglieder nicht mehr benötigt werden, sollte man sie auschecken. Meist ist das mit der Auszahlung der Entlohnung durch einen Vertreter des Veranstalters verbunden. Die Produktionsleitung muss dazu Stundenlisten oder sonstige Arbeitsnachweise liefern.

Nach Erfahrungswerten dauert der Abbau alles in allem etwa ein Drittel der Aufbauzeit.

5. Produktionsplanung

Es ist nicht ungewöhnlich, dass der Produktionsleiter das Gelände als letzter verlässt. Zurück zu Hause sollte man alle Papiere und Daten noch einmal ordnen und ein letztes Treffen mit dem Veranstalter arrangieren. Diesem sind noch die letzten Dokumente wie Lieferscheine, Rechnungen usw. zu übergeben. Sinnvoll ist auch eine Manöverkritik, um das nächste Mal noch effizienter zu arbeiten. Alles, was dann noch eventuell von Subfirmen oder Personal kommt, sollte man direkt an den Veranstalter weiterreichen.

abschließende Tätigkeiten

Eine immer wieder schöne Sache ist es, wenn man ein paar Tage nach der Produktion ein Treffen mit der kompletten Crew auf die Beine stellt. So etwas kann man recht leicht organisieren, der Veranstalter übernimmt meistens die Kosten, und es schweißt das Team zusammen. Das ist besonders bei regelmäßigen Großevents sehr wichtig.

Crew-Party

6. Besondere Situationen

Das richtige Verhalten des Produktionsleiters in Krisen- und Notfällen wird im letzten Kapitel betrachtet. Weiterhin werden Maßnahmen für eine sinnvolle Improvisation und die Planung von Park- und Zeltplätzen vorgestellt.

6.1. Park- und Zeltplätze für Veranstaltungen

Wie man einen Park- oder Zeltplatz plant und umsetzt und was es alles zu berücksichtigen gilt, ist in diesem Kapitel zu lesen.

Ab und zu werden bei größeren Veranstaltungen, die über mehrere Veranstaltungstage andauern, Zeltplätze für Besucher benötigt. Diese sollten nahe am Hauptveranstaltungsgelände liegen. Das ist von großem Vorteil auch deshalb, weil man auch gleich Teile des Personals mit unterbringen kann.

Zeltplätze

Das größte Problem bei Zeltplätzen ist die Sanitärsituation. Alle Camper sollten neben Toiletten auch Dusch- und Waschgelegenheiten haben. Fast immer muss man mit aufwendigen mobilen Systemen wie Containern arbeiten. Neben dem Platz- und Anfahrtsbedarf gilt es, ausreichend Frischwasser, Abwassermöglichkeiten und Strom zu organisieren. Dann sollte man die maximale Anzahl von Containern und daraus wiederum die maximale Anzahl der Personen, die sanitär versorgt werden können, ermitteln. Eine Bestimmung der Kapazität lediglich aus den zur Verfügung stehenden Flächen genügt in fast allen Fällen nicht. So sollte bei der Wahl des temporären Zeltplatzes immer besonders auf bereits vorhandene Medienanschlüsse, vor allem Wasser, geachtet werden. Aber auch, wenn es Wasseranschlüsse gibt, was aus Plänen von Stadtwerken oder lokalen Anschlussmeistern hervorgeht, sollte im Zweifelsfall eine Druckprobe veranlasst werden. Im Notfall können mit aufwendigen Pumpen und Kanistersystemen Wasserressourcen über

Wasserversorgung

mehrere Container verteilt werden. Dies funktioniert um so besser, je genauer die Nutzungsspitzen in der Frühe und am Abend verlaufen. Sinnlos ist ein Verteilsystem, wenn permanent viel Wasser gebraucht wird. Beim Abwasser gilt es, auf ein ausreichendes Gefälle zu achten. Im Notfall muss gegraben werden. Zur Sanitärproblematik siehe auch 3.5. Hardware.

Beleuchtung — Ein weiteres Problem stellt die Beleuchtung dar, sinnvoll und meist auch amtliche Pflicht ist die Beleuchtung der Wege. Wenn man mit großen HQI-Türmen (Flutlicht) arbeitet, stört man die Nachtruhe in den Zelten. Elegant, aber aufwendig ist die alleinige Wegebeleuchtung. Hierzu nimmt man am besten wetterfeste Leuchtstoffröhren, die streckenweise an Pflöcken befestigt und verkabelt werden.

mediale Zentren — An denselben Pflöcken können auch Feuerlöscher und Zeltplatzordnungen aufgehängt werden. Stellt man an verschiedenen Stellen einen Müllcontainer mit 270 Litern oder 1,1 m^3 daneben, schafft man viele kleinere mediale Zentren. Auch vom Wasser unabhängige Toilettenkabinen sollten über das gesamte Gelände verteilt werden, um den Besuchern gerade in der Nacht lange Wege zu ersparen.

Reinigung und Müll — Täglich sollten Reinigungstrupps für eine grobe Entfernung des Mülls und die Sauberkeit der Sanitäranlagen sorgen; dies lässt sich auch über eine Subfirma abwickeln. Der Müll aus den dezentralen Müll-Behältnissen sollte, wenn man ihn nicht unmittelbar zur Deponie bringen kann, in größeren Containern von 25 m^3 gelagert werden.

Vorgaben — Genaue Vorgaben über die Errichtung eines Zeltplatzes (allerdings keines temporären) bietet die Camping- und Wochenendrichtlinie (CampR), die meist als Anhang zur Landesbauordnung beiliegt. Hier ist auch oft die Pflicht zur Aushängung einer Zeltplatzordnung vermerkt. Diese sollte neben allgemeinen Hinweisen und Regeln die Telefonnummern der lokalen Rettungsdienste, des Platzwartes und des Veranstalters enthalten. Die Ämter wollen oft einen genauen Plan, einen Erläuterungsbericht, eine Objektbeschreibung, einen Zeitplan, ein Konzept der Sanitärsituation und ein Sicherheitskonzept in mehrfacher Ausführung vorliegen haben. Ein wichtiger Punkt für das Ordnungsamt ist auch die Lärmbelastung für die Anwohner; so sollten Flächen ohne große Anwohnerschar vorgezogen werden. Hierbei ist auch die Wegeführung wichtig.

6. Besondere Situationen

Reine Zeltflächen sollten in Quadraten von 30 m x 30 m untergebracht werden. Zwischen den Quadraten sollte ein Weg von mindestens drei Metern Breite berücksichtigt werden. Von größeren Versorgungsfahrzeugen befahrbare Wege sollten über mindestens fünf Meter Breite verfügen. Um die Wegeführung auf dem Platz sichtbar zu machen, kann man Kreidemaschinen oder Flatterband benutzen. Gerade wenn man Geld für das Zelten nimmt, sollte man das gesamte Areal mit Bauzäunen (eventuell sogar mit Sichtschutz) abriegeln. Dabei sollte man verstärkt auf die Rettungswege und Straßen aus dem beziehungsweise in das Gelände achten und diese nicht versehentlich verstellen. Einen separaten Platz sollte man für motorisierte Caravans einplanen. Wenn ein Parkplatz am Gelände vorgesehen ist, hat man genau dort die besten Möglichkeiten. Eine wichtige Frage der Versorgung der Caravans mit Wasser und Strom muss man sich ebenfalls im Vorfeld stellen.

Flächenaufteilung

Ein Zeltplatz braucht recht wenig Personal. Der wichtigste Posten ist der des Platzwarts, er vertritt die Produktion und den Veranstalter vor Ort. Eine kompetente Person für diesen Job findet man unter Dauercampern mit Produktionserfahrung. Für ihn sollte ein Raumcontainer als lokales Produktionsbüro bereitgestellt werden. Neben den Hand-Teams beim Auf- und Abbau ist ein Security-Team von größter Bedeutung. Die Security sollte neben festen Posten an allen Zugängen auch mehrere patrouillierende Kräfte aufweisen. Die Personalkosten werden durch die permanente Anwesenheit der Security und des Platzwarts in die Höhe getrieben, das ist aber nicht zu vermeiden. Ein weiteres Moment sind Sanitätsstützpunkte, die entsprechend mit Sanitätern besetzt sein müssen.

Zeltplatzpersonal

Um die Personalkosten abzufedern, können mehrere Bereiche separat abkassiert werden, zum Beispiel die Duschen oder sportliche Einrichtungen. Auch das Errichten von gastronomischen Verkaufsständen oder gar Zelten hilft, Geld zu verdienen. Bei einer gastronomischen Versorgung sollte man sehr auf seine Wasser- und Stromreserven achten.

zusätzliche Einnahmen

Problemloser sind Parkplätze, diese sollten nach dem geschätzten Bedarf ausgelegt sein. Durchschnittlich reisen drei Besucher einer Veranstaltung mit einem gemeinsamen PKW an. Im Vorfeld sollte man in der Werbung und Presse auf öffentliche Verkehrsalternativen hinweisen, um ein Stau- und Parkchaos zu vermeiden. Für alle mit dem Auto anreisenden Gäste sollten Ausschilderungen die Anfahrt

Parkplätze

All Area Access

erleichtern. Dies verringert auch die Belastung der lokalen Straßen. Ein Gespräch mit dem Verkehrsplanungsamt hilft, die Situation einzuschätzen. In seltenen Fällen bekommt man sogar einen Verkehrsbelastungsplan mit den wichtigsten Belastungszeiten der einzelnen Straßen. In der Presse sollten optimale Routen zu den wichtigsten Parkplätzen mitgeteilt werden.

Flächenaufteilung und Straßensystem

Ein Parkplatz sollte mit 2,5 m x 4,9 m (Regelabmessungen PKW) bemessen werden und über etwa ein Prozent behindertengerechte Stellflächen in der jeweiligen Größe von 3,5 m x 4,9 m verfügen. Ähnlich wie bei den Zeltplätzen müssen alle Stellflächen mit Flatterband oder Kreide gekennzeichnet werden. Bewährt hat sich die folgende Methode: Man markiert nicht die einzelnen Parkzellen, sondern zieht nur Linien mit Flatterband und Pflöcken in Scheinwerferhöhe. Bei der Anfahrt der Besucher muss jetzt nur jedem erklärt werden, dass er mit einer seiner Stoßstangen an einem Flatterband zu stehen hat. Mit dieser Methode reihen sich die Autos wie an einer Perlenkette am Flatterband auf. In den durchgezogenen Flatterbandlinien müssen natürlich in regelmäßigen Abständen Lücken sein, um ein Ausfahren zu ermöglichen. Prinzipiell sollten am Plan alle Fahr- und Parksituationen der Besucherautos durchdacht werden. Teilweise macht sich ein Einbahnstraßensystem auf dem Parkplatz besser. Dafür benötigt man allerdings ein paar Verkehrsschilder. Auch Schilder, die eine Tempoverringerung anmahnen, sind durchaus sinnvoll. Um ein Ein- und Ausparken zu gewährleisten, muss der Abstand zwischen zwei Parkzeilen mindestens sechs Meter betragen.

Boden und Umweltverschmutzungen

Beton- oder Asphaltuntergrund sind Wiesen oder weichen Böden natürlich vorzuziehen. Nicht nur, dass man nicht in Gefahr gerät, stecken zu bleiben, auch könnten Umweltverschmutzungen durch versickerndes Öl oder Brände durch heiße Motoren entstehen. Umweltschädigend ist auch ein zu hoher Geräuschpegel der an- und abfahrenden Autos. Die Haftung liegt hier, wenn nicht anders geregelt, beim Entwurfsverfasser beziehungsweise beim Antragsteller.

Parktarife

Natürlich kann man Geld von den Gästen für das Parken verlangen, man sollte sich ein Tarifsystem nach Tagen überlegen. Auch wenn der Parkplatz bewacht ist, sollte man immer einen Hinweis auf Selbsthaftung der PKW-Besitzer im Falle eines Diebstahls oder sonstiger nachteiliger Vorfälle aufstellen.

6. Besondere Situationen

Die Beleuchtung der Parkfläche lässt sich durch primitive Flutlichtanlagen, zum Beispiel durch einen Gerüstturm oder einen während der Veranstaltung nicht genutzten Steiger mit HQI-Scheinwerfern, realisieren. Eine Beleuchtung ist meist auch von Amts wegen vorgeschrieben.

Beleuchtung

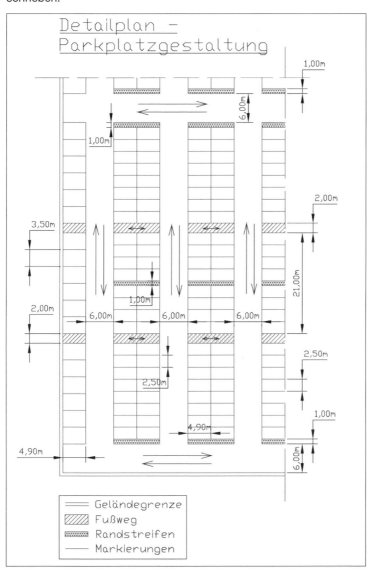

Detailplan Parkplatzgestaltung (Beispiel)

6.2. Improvisation

Warum und wie man eine Improvisation im Vorfeld vorbereitet und wie man generell Probleme lösen kann, ist hier näher erläutert.

Improvisation durch Puffer

Man sollte sich immer gut auf das Improvisieren während der Veranstaltung vorbereiten. Das heißt mehr Material mitnehmen, auch Gegenstände, die man primär nicht benötigt wie Werkzeug, Kleinmaterial, Gabelstapler usw. Darüber hinaus sollte man, wo es nur geht und es finanziell begründbar ist, einen Puffer schaffen. Im Personalbereich können Notteams für ein Scheitern oder Wegfallen der Primär-Teams eingerichtet werden. Auch Zeit ist pufferbar. Es sollten feste Pufferstunden oder -tage eingebaut werden, um Pannen und Probleme abzufedern. Handkassen sollten bewusst höher angesetzt werden.

Vorbereitung

Vor der Veranstaltung sollten alle wichtigen Telefonnummern in Sachen Rettungsdienst, Polizei und Feuerwehr griffbereit liegen. Auch ein regionales Telefonbuch und ein Branchenverzeichnis sollten im Produktionsbüro vorhanden sein.

Improvisationsmöglichkeiten

Stellt man sich vor, was alles aus- oder wegfallen kann und wie hilflos man dann wäre, ist es nur logisch, eine gute Improvisationsgrundlage einzurichten. Es gibt Veranstaltungen, bei denen fast alle Primärmechanismen wie Materialbestände und Personalteams wegfallen und lediglich eine schnelle und exzellent ausgeführte Improvisation die Veranstaltung retten kann. Gerade ein gutes und aktuelles Telefonverzeichnis ist dazu in der Lage. Bei jedem Schritt sollte der Veranstalter einwilligen oder sein generelles o.k. geben, da so schnelle Material- und Personalsupports unter Umständen sehr teuer werden können. Theoretisch kann man alles mit ausreichend Geld schnell beschaffen. Der Veranstalter sollte bei größeren Improvisationsakten ständig überlegen, ob sich das Ganze noch rechnet und wann doch besser eine Veranstaltung abgebrochen wird.

6. Besondere Situationen

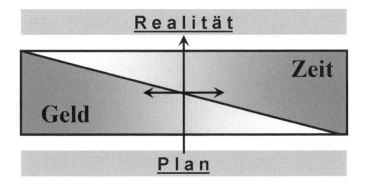

Zeit/Geld-Relation bei Planumsetzung

Bei Materiallieferungen muss beachtet werden, dass der Zielort auf dem Veranstaltungsgelände auch erreichbar ist. Während einer Veranstaltung kommt man, verursacht durch die Gästemassen, nicht mehr frei an jeden Ort der Location.

eingeschränkte Baufreiheit

Wenn ein wichtiger Gegenstand, beispielsweise Mics, Gaffa, Ketten oder ähnliches nicht aufzufinden ist, sollten zunächst die Crew und Subfirmen danach gefragt werden. Oft hat jemand genau diesen Gegenstand mitgenommen. All das, was trotzdem noch fehlt, sollte man versuchen, möglichst vor Ort zu organisieren. Aus zeitlichen Gründen sollte bei Improvisationen prinzipiell die lokale Infrastruktur zuerst belastet werden. Oft bieten Hotels durch ihre Serviceausrichtung einen Ansatzpunkt, wenn es zum Beispiel um fehlende Handtücher, fehlenden Fax- und E-Mail-Verkehr oder um Personentransporte geht. Auch regionale Taxiunternehmen helfen bei lokalen Beschaffungen weiter.

zuerst lokal

Wenn ein Problem auftritt, muss generell untersucht werden, durch was dieses verursacht wurde, wie weit es die Veranstaltung beeinflusst und wie eine Lösung aussehen könnte. Realisierbare Lösungen sollten zunächst mit Ressourcen vor Ort ohne viel zusätzliches Geld umgesetzt werden. Bei den möglichen Lösungen sollten die dafür benötigte Zeit und Produktionskapazitäten betrachtet werden. Alle sich ergebenden Problemlösungen sollte man in Gedanken durchspielen und die optimalste umsetzen. Wenn die Schwierigkeiten zu groß werden, bietet es sich an, das Problem in mehrere kleine zu unterteilen. Mit dieser Teilungsvariante können auch mehrere Personen leichter daran arbeiten.

prinzipielle Problemlösung

All Area Access

Veranstalter — Gerade bei kostenintensiven Änderungen muss der Veranstalter entscheiden. Er hat aber selten eigene Ideen, um eine Lösung zu finden. Dies bleibt fast immer dem Produktionsleiter überlassen.

Rechtfertigung — Bei der Planung einer redundanten Improvisationsgrundlage, zum Beispiel einer größeren Handkasse, fragt der Veranstalter oft, was denn für Probleme auftreten sollen. Diese Frage kann man jedoch nicht ohne weiteres beantworten, sonst könnte die Planung diese bekannten Probleme in Vorfeld verhindern. Keine Planung ist perfekt, und es können auch nie alle Faktoren und Umstände einkalkuliert werden. Es ist aber möglich, der perfekten Planung nahe zu kommen. Der Rest des Nichteinkalkulierbaren wird durch Improvisationsgrundlagen gedeckt.

6.3. Veranstalter weg?

Tipps für das Verhalten des Produktionsleiters im Falle, dass der Veranstalter nicht mehr aufzufinden ist, sind hier zu lesen.

Gründe — Es darf nicht vorkommen, aber in sehr seltenen Fällen setzt sich ein Veranstalter ab. Das liegt meist am Geld, entweder wurde zu viel oder zu wenig verdient. Diese delikate Situation sollte gegenüber den Gästen geheimgehalten werden. Den Führungsstab und beteiligte Mitarbeiter muss man jedoch aufklären.

Übersicht behalten — Erster Tipp: Ruhe bewahren und die gegebenen Umstände mit beteiligten Kollegen erörtern. Oberstes Ziel sollte es sein, die Veranstaltung sicher, also ohne Verletzte und Vandalismus, weiterlaufen zu lassen, wenn möglich bis zum Schluss. Meist gilt es, den Stress durch unbezahlte an der Produktion beteiligte Subfirmen und Einzelpersonen gering zu halten und einen chaotischen Abbau oder Personalabzug zu verhindern. Im Zentrum der Sicherheit stehen die Security, die Rettungskräfte und die Technik, vor allem die Stromversorgung. Solange die Technik mit Musik läuft, bleiben die meisten Besucher ruhig. Oft finden sich auch genug Musiker, die erst einmal weiterspielen. Wenn die Sanitäter das Gelände verlassen, muss die Veranstaltung beendet werden; ein Fortführen ist mehr als verantwortungslos. Das Abziehen von Material und Personal durch Subfirmen kann meist nicht verhindert werden, aber fast alle sind bereit, dies in einer sicheren Zeitabfolge zu tun, so dass größere Schäden verhindert werden können. Die meisten Subfirmen haben

6. Besondere Situationen

selbst Angst um ihr Material, so dass eine Kooperation auch für sie sinnvoll ist. Die sensibelsten Stellen wie Strom oder Security sollten, wenn möglich, auch im Vorfeld bezahlt und vertraglich zur Erfüllung ihrer Dienstleistung gezwungen werden.

Das Einschalten von Behörden versteht sich von selbst. Wenn Zeit bleibt, sollte man Gespräche mit allen beteiligten Personen und Firmen suchen. Die Polizei sollte gebeten werden, ihre Posten zu verstärken, um Plünderungen und Vandalismus vorzubeugen. Ein zu massives Auftreten der Polizei, zum Beispiel mit Wasserwerfern, verunsichert den Besucher und fordert im schlimmsten Fall Aggressionen heraus. *Polizei*

Ist das Verschwinden des Veranstalters zum Publikum durchgesickert, sollten bekanntere Musiker oder Verantwortliche die Situation ruhig und sachlich erklären und versuchen, die Leute zu beruhigen. Eine Verunglimpfung des Veranstalters sollte dabei vermieden werden. Im Optimalfall verstehen die Gäste die Situation und verlassen friedlich das Gelände. Im Härtefall kommt es zu Plünderungen und Zerstörung; dies hängt auch von der Gästeart ab. Bei mehreren verschachtelten Spielstätten hilft ein zeitlich versetztes Räumen der einzelnen Floors. Das Zentrieren der Menge auf einen übersichtlichen Floor erhöht entscheidend die Effektivität der vorhandenen Security. Spätestens wenn das Publikum informiert ist, gibt es viel Druck seitens der Presse, und meist ist keine Zeit für Pressekonferenzen. Man sollte jemanden mit Einblick und diplomatischem Geschick als Pressesprecher wählen, der es sich zutraut, den Fragen standzuhalten. Oft kann die Presse zur Deeskalation beitragen und beruhigend auf die Leute wirken. *Informationen*

Die Situation bleibt jederzeit unberechenbar und verlangt von allen Kollegen ein Höchstmaß an Erfahrung, Courage und Ruhe. Eine Veranstaltung ist ohnehin schon ein dynamisches Gebilde, das sich aber jetzt nur noch teilweise kontrollieren lässt. Sich als Verantwortlicher aus dem Veranstaltungsgelände zu entfernen, ist die schlechteste Wahl, die man treffen kann. *vor Ort bleiben*

Richtig unangenehm wird die Abbausituation, weil in solch einer Situation so gut wie alle Arbeitskräfte nicht zu ihrem Dienst erscheinen werden. Spätestens jetzt sollten alle Subfirmen, die noch beteiligt sind, über die Gegebenheiten informiert werden. Wenn die Firmen selbst nicht in der Lage sind, ihr Material abzuholen, sollte man ver- *Abbausituation*

All Area Access

suchen, eine Kooperation zwischen verschiedenen Subfirmen zu vermitteln. So werden viele kleine logistische Pläne kombiniert. Auch eine Liste mit vermissten Gegenständen oder Personen sollte angefertigt werden. Als letztes steht meist die Reinigung an. Wenn die Reinigungsfirma nicht im Vorfeld bezahlt wurde, sollte man mit der Stadtreinigung reden. Noch ein Hinweis: Gefüllte Mülltonnen und Container dürfen nicht vom Besitzer der Tonnen auf dem Gelände ausgeschüttet werden; er ist vielmehr verpflichtet, die Deponiekosten zu tragen.

juristisches Nachspiel

Letzter Tipp: Viele Klagen werden in den auf die Veranstaltung folgenden Tagen geschrieben. Man sollte von allen Ereignissen ein Erinnerungsprotokoll anfertigen, um bei der Polizei präzise Aussagen machen zu können. Meist wird man als Zeuge geladen, aber auch die ein oder andere Klage kann direkt den Produktionsleiter treffen. Hat man alles richtig gemacht und einen sauberen Vertrag mit dem Veranstalter, braucht man in der Regel auch nichts zu befürchten. Ein Anwalt sollte unbedingt so früh wie möglich, am besten schon vor Ort, konsultiert werden.

6.4. Vandalismus, Verletzte, Tote

Hier werden Maßnahmen vorgestellt, die bei Verletzten oder tödlich verunglückten Personen ergriffen werden sollten. Weiterhin wird erläutert, wie es zu Vandalismus kommen kann und wie man am besten eine solche Entwicklung eindämmt.

Verletzte

Wenn ein Plan nicht funktioniert und viele nachteilige Umstände aufeinander treffen, kann es zu Verletzten kommen. Aber auch unter normalen Produktionsbedingungen sind regelmäßig Verletzungen zu verzeichnen, seien es Kreislaufschwächen, Schnittwunden oder Prellungen. In diesen Fällen macht sich das für die Sanitäter und Rettungswagen investierte Geld schnell bezahlt. Wichtig sind ein schnelles Erkennen der Situation und die sofortige Erreichbarkeit der Rettungskräfte. Hier sollte eine Funkverbindung bestehen. Die Security muss zügig einen Gang hin zum Opfer für die Sanitäter bahnen. In fast allen Fällen wird der Verletzte in einem Sanitätsraum erstversorgt und anschließend in ein Krankenhaus transportiert. Im Sanitätsraum sollte versucht werden, vom Opfer Namen, Telefonnummer und Adresse zu erfahren. Vielleicht findet man einen Angehörigen oder Freund, der Angaben machen kann. Telefonnummer und

6. Besondere Situationen

Adresse des Veranstalters sollten den Angehörigen oder dem Opfer gegeben werden. Ein Abbruch der Veranstaltung würde nur ein größeres Chaos mit wahrscheinlich weiteren Verletzten anrichten. Man sollte die Besucher jedoch informieren, wenn der Fall Aufsehen erregt haben sollte.

Bei einem oder mehreren tödlich verunglückten Personen sollte man auf jeden Fall die Veranstaltung abrechen. Die Besucher werden mit großer Wahrscheinlichkeit Verständnis dafür haben. Neben Rettungssanitätern ist natürlich die Polizei zu verständigen, um die Umstände zu klären. Wenn möglich sollte bei der Identifizierung geholfen werden. Fälle, in denen Personen auf Veranstaltungen sterben, sind aber sehr selten.

Tote

Eine negative Erscheinung, die Veranstaltungen immer mal wieder heimsucht, ist der Vandalismus. Oft steht man auch als Produktionsleiter ohnmächtig an der Seite, während hunderte von randalierenden Leuten alles auseinandernehmen und entwenden, was sie in die Hände bekommen. So eine Situation sollte gar nicht erst entstehen. Zu derartigen Eskalationen kann es durch ausfallende Programmpunkte, sehr schlechte Darbietungen, überzogenen Alkohol- und Drogenkonsum, deutlich zu hohe Preise und schlechte Gegebenheiten vor Ort wie fehlende Duschen, schlechtes Wetter oder Überfüllung kommen. Ein wesentlicher Faktor ist die Zusammenstellung des Publikums. Wenn man Hip-Hop- und Techno-Festivals zusammenlegt, setzt man sich einer größeren Gefahr aus als bei einem Klassik-Event.

Vandalismus

Ernstzunehmen ist das Vandalismusproblem auch, wenn eine Veranstaltung früher als geplant beendet wird (siehe auch 6.3. Veranstalter weg?).

Wenn sich eine nachteilige Situation oder Stimmung abzeichnet, müssen immer Polizei und Security informiert werden. Die Polizei sollte man bitten, vor Ort zu kommen und Verstärkung bereitzuhalten. Die Security sollte schnell und effizient einzelne Randalierer vom Gelände weisen und alle sensiblen Bereiche wie Bars, Bühnen, Backstage oder Einlass verstärkt schützen. Wenn möglich, sind die Sicherheitskräfte zu verstärken, zumindest müssen alle wenig frequentierten Posten abgezogen und dorthin verlegt werden, wo man sie dringender braucht. Kassen und Bars sollten, wenn möglich, geschlossen und geräumt werden. Alles nicht benötigte Personal kann

Möglichkeiten der Begrenzung

All Area Access

eventuell als Sicherheitsposten eingesetzt werden. Alle Rettungskräfte sind darüber zu informieren, damit sie sich für Einsätze bereithalten. Die Abschottung des Konfliktbereichs gegen einen Zustrom weiterer Gäste durch Absperrungen ist, wenn möglich, einzuleiten. Auch die Presse muss ferngehalten werden. Der Alkoholausschank an den Bars ist zu stoppen. Alles gefährdete Material, Technik, Kassen und Getränkevorräte gilt es abzutransportieren oder zu sichern. Materiallager und Produktionsbüro müssen durch jeweils einen Security-Posten gesichert werden. Es ist schon vorgekommen, dass ganze Bühnen gestohlen wurden.

Der Einfluss der Künstler auf die Besucher kann enorm sein. Künstler sollten deshalb gebeten werden, auf den Bühnen ein paar beruhigende Worte zu sprechen. Situationsabhängig sind Entscheidungen darüber, ob man die Musik zur Beruhigung weiterspielen lässt oder sie zur Auflösung der Massen abbricht. Ähnlich abzuwägen gilt es bei dem Schritt, die Bars zu schließen.

Räumung   Hilft nichts mehr, muss die Veranstaltung durch die Polizei geräumt werden. Eine Räumung sollte gut überlegt werden, aber eine Entscheidung nicht zu spät fallen. Die Polizei und der Veranstalter sind natürlich in alle Schritte und Entscheidungen mit einzubeziehen. Ab einer gewissen Größenordnung entscheidet nicht mehr der Produktionsleiter, sondern die Einsatzleitung der Polizei.

Anhang 1 – Materialcheckliste

Material	Posten:		Transport:					Kosten:	
	Wie-viel	Wer	Beschaffungsort	Hin-transport	vor Ort?	Einsatz-ort	Ab-transport	Zurück?	Materi-al	Transport
Technik										
Tontechnik:										
PA-System										
PA-Mischpult										
Monitor Mischpult										
DJ Mixer										
Siderack										
Monitor										
Mikrofonie										
DJ Set										
DAT										
Lichttechnik:										
PAR Licht										
Moving Lights										
Blinder										
Stroboskop										
Nebelmaschine										
Backline										
Bühnen										
Drumraiser										
Rigging / Trussing										
Pavillon-Zelte (FOH)										
Videobeamer										
Diaprojektoren										
Leinwände (Beamer)										
Skybeamer										
Pyrotechnik										
Stromleitungen										
Stromerzeuger										
Heiztechnik										
Funken										
Headsets										
Handbedienteile										
Ladestationen										
Übertragungstechnik (TV, Radio)										
Rechner										
Telefonleitungen										
Lichtmasten										
Grund-, Bar-, Decobeleuchtung										
Taschenlampen + Batterien										
Sicherungen										
beleuchtete Notausgangsschilder										
Leuchtmittel, Kupplungen, etc.										

All Area Access

Stromstaff (Kabel, Verteiler)									
Einlass									
Kassen									
Karten, Flyer									
Einlaßss-Bändchen									
Bänder Zange									
Gäste-,Vorbestellliste									
Zettel + Stift									
Stempel									
Stempelkissen, -farbe									
Wechselgeld									
Garderobe									
Schleusen, Crashbarriere									
Einlasscontainer									
Tische/Theken/Stühle /Licht									
Bauchtaschen									
Warnwesten									
Flatterband									
Waffen									
Counter									
Büros									
Bürocontainer									
Kaffemaschienen + Tools									
Aschenbecher									
Ohrenstöpsel									
Mülleimer									
Tische, Stühle									
Rechner									
Drucker									
Druckerpartonen									
Kugelschreiber/Bleistift									
kleine Taschenrechner									
Druckerpartonen									
Reißzwecken									
Büroklammern									
billige Uhren									
Uhr, Wecker									
Papier									
Leim									
Laminiergeräte A4									
Laminierhüllen A4									
Pläne, Listen, Daten									
Genehmigungen (Ämter)									
Versicherung									
Locationmiete									
Telefonleitungen, Telefon									
Fax + Papier									

Materialcheckliste

Taschenlampen									
Parkscheine, Kassen, Kleingeld									
Schlüssel der Location									
Kassen, Bargeld									
Essensmarken									
Pässe									
Backstage									
Getränke									
Catering									
Cateringutensielien (Besteck, etc.)									
Kaffeemaschinen + Tools									
Spiegel									
Line up, Zeitplan									
Grünzeug									
Aschenbecher									
Mülleimer									
Besen									
Wischeimer+Lappen+Wischbesen									
Tische, Stühle, Sofas, Sessel									
Dusche, WC									
Handtücher									
Hardware									
Stoff									
Planen									
Befestigungsstaff									
Deco									
Floristik									
Kerzen									
Fackeln									
Floristik									
Pflöcke									
Stroh, Holz, Kessel									
Kabelmatten									
Scheren									
Werkzeug									
schweres Werkzeug									
Bohrmaschienen									
Schrauben									
Nägel									
Tacker									
Tackernadeln									
Bindedraht									
Baufluter mit Anschlüßen									
Bauhandschuhe									
Feuerlöscher									
Feuerwehrtechnik									
Gaffa, Spraydosen, Stricke, Seile									

Schilder (Weg, Verkehr, Loc.)										
Tische, Stühle										
Sofas, Sessel										
Theken/Tische (Info, Promo, etc.)										
Zäune/Füße/ Sichtschutz										
Bühnengraben/ Crashbarriers										
Rollstuhlrampen										
Gerüste										
Bierbänke										
Biertische										
Sanitätsräume										
Liegen										
Sanitätsstaff										
Heiztechnik										
Kühltechnik										
Bestuhlungen										
Zelte										
Container										
Wohnwagen										
Sanitärcontainer										
Schläuche/Rohre										
Dixis/Mobiltoiletten										
Müllbehalter										
Müllcontainer										
Müllpressen										
Mülltüten										
Sanitär-Reinigungsmittel										
Gastro										
Getränke										
Nahrung										
Tabakwaren										
Barelemente (Front, Ecken)										
Überdachungen										
Barbeleuchtung										
Kaffeemaschinen + Tools										
Bar-Tools (Zitronen, Eis etc.)										
(Plaste-)becher										
Kleinutensilien (Öffner etc.)										
Aschenbecher										
Kassen										
Kleingeld										
Preislisten (groß, klein)										
Kopien der amtlichen Gestattungen										
Flyer										

Materialcheckliste

Wasseranschluss + Tools									
Spülen									
Eismaschinen									
Eistruhen									
Kühlschränke									
Kühltruhen									
Zapfanlagen (+Staff)									
Zettel + Stift									
Fuhrpark									
PKW (Runner, Personalshuttle)									
PKW (Künstlershuttle)									
Kleintransporter (Materialshuttle)									
Kleintransporter (Personenshuttle)									
Sprinter									
Pick-ups									
7,5-Tonner									
Kühlwagen									
Sanitäter Einsatzwagen/ KTW									
LKW (30 Tonner)									
Gabelstabler (indoor, outdoor)									
Bagger									
Kräne									
Steiger									
Schwalben/Mofas									
Sprit (Diesel, Benzin)									
Listen									
Tisch,Stuhl,Theke, Licht									

Gesamt: 0 0

All Area Access

Anhang 2 – Personalcheckliste

Personal	Person	Pass	Telefon-nummer	Funk-kanal	Einsatz-ort	Ankunfts-zeit	Abreise	Vergütung
Führungsstab	0							0,00 €
Veranstalter (Geld)								
Abrechnungen								
Produktionsleiter								
Produktionsassistenz								
lokaler Produktionsleiter								
Gastronom								
Location-Kontakt								
Presse								
Ständeverantwortlicher								
Künstlerbetreuer								
Sponsorenbetreuer								
Stagemanager								
Securitychef								
Strom-Chef								
Deco-Chef								
Reinigung								
Fuhrpark-Verwalter								
Chefrunner								
FOH-Chef								
Handchef								
Techniker	0							0,00 €
Tontechniker								
Tontechnikassistent								
Lichttechniker								
Lichttechnikassistenten								
Rigger-Chef								
Bühnenbauer								
Gasttontechniker								
Gastlichttechniker								
Monitormixer								
Hausmeister								
Pyrotechniker								
Elektroniker (Tel., Video)								
Hands	0							0,00 €
Klempner								
Elektriker/Strom								
Bühne								
Licht								
Ton								
Rigging/Trussing								
Mechaniker/KFZ								
Zäune								
mobile Bauten/Zelte								
Sanitär								
Stagehand								
Runner/Fahrer	0							0,00 €
PKW								
VIP-Chauffeur								
7,5-Tonner								
Trailer (30-Tonner)								
Gabelstabler								
Helfer	0							0,00 €
MfA (Mädchen für alles)								
Parkplatzanweiser								
Deco-Bauer								
Reinigungskräfte								
Bürodispatcher								
Sanitäter								
Feuerwehrmänner								
Notfallcrew								
Einlass	0							0,00 €
Stempler								
Kartenabriss								
Counterbediener								
Flyerverteiler								
Kasse								

Personalcheckliste

Garderobe							
Geldabholer							
Security	0						0,00 €
Ordner							
Einlass							
Stage							
Backstage							
Patrouille							
Personenschutz							
indoor/Spezial							
Gastro	0						0,00 €
Supervisoren							
Barkeeper							
Barmixer							
Kellner							
Empfang							
Tabakverkäufer							
Geldabholer							
Materialdispatcher							
Catering-Chef							
Koch							
Catering-Personal							
Puffer/Springer							
Presse	0						0,00 €
Fotografen							
Kameraleute/Filmteams							
Redakteure							
Reporter							
Personal-gesamtstärke:	0					Gesamt:	0,00 €

Anhang 3 – Pass- und Essensmarkenlisten

gedruckte Pässe

Art	Bedarf	gedruckt	ausgegeben	Bereich
Artist/Künstler				
Crew				
All areas/alle Bereiche				
Guest/Gast				
v.i.p.				
Security				
Presse				
Stand				
Techniker				
Service				
Gesamt:	0	0	0	

Ausgabe-Kontrolle

Gesamt:	0		0
Pass	Person	Legitimation	ausgegeben?

Pass-und Essensmarkenlisten

Essensmarken gesamt	
Nummern (von – bis):	

Gesamt:
0   0

Person	Legitimation	ausgegeben?	Num

Anhang 4 – Band- und Künstlerlisten

Künstler/ Band	Stil/ Szene	Personen- anzahl	Ansprech- partner	unser Betreuer	Gage	Ankunfts- zeit	Sound- check
Band #1					- €		
Band #2					- €		
Band #3					- €		
Band #4					- €		
Band #5					- €		
Band #6					- €		
Band #n					- €		
		Personen Gesamt: x			Gesamt- kosten: y €		

Band- und Künstlerlisten

Stagetime	Abreise-zeit	Hotel	Rider vorhanden?	Anzahl Pässe	Anzahl Essensmarken	Gästeliste Plätze	Kommentar
				geplant/ ausgegeben	*geplant/ ausgegeben*		

Anhang 5 – Glossar

Im Umgang mit einer Veranstaltungsproduktion gibt es einige Begriffe, die Außenstehenden meist fremd sind. Der folgende kleine Begriffskatalog mit den gängigsten Ausdrücken gibt Einblicke.

Action (sprich engl.): Ereignis im Produktionssinn, längere Zeiteinheit

Amps: Verstärker (Tonbereich)

Audience: Publikum, Publikumsbereich

Backdrop: hinterer Bühnenabschluss, hinterster Bühnenvorhang

Backline: Instrumente (auch Amps) und Bühnenaufbauten der Künstler

Backstage: Bereich hinter der Bühne, Künstler-Umkleideräume, nichtöffentlicher Bereich

Baustelle: Veranstaltungsort während der Auf- und Abbauphase (teilweise auch während der Veranstaltung)

Barricade (sprich engl.): schweres Absperrgitter (zum Beispiel für Bühnengräben)

Beamer: Video-Beamer: Gerät zur Projektion von Filmen oder Bildern

Blinder (sprich engl.): Leuchte, mit der Blendeffekte erzielt werden

Booking: Buchen von Künstlern oder sonstigen Akteuren, Künstlerzusammenstellung, Programmgestaltung

Break even: Punkt in der Gesamt-Veranstaltungskalkulation, wobei sich Einnahmen und Ausgaben decken, angegeben in Besucherzahlen

Bridle (eingedeutscht: breiteln): aus mindestens zwei Hängepunkten einen neuen, besser positionierten machen

Glossar

Briefing: Erklärung und Erläuterung des Einsatzes oder der Aufgabe (im Vorfeld), Einsatzbesprechung

Bühnengraben: Sicherheitsbereich direkt vor der Bühne

BüTec: Bühnenpodestplatte (2 m x 1 m), Herstellerfirma

canceln (sprich engl.): etwas abbrechen, stoppen, eventuell rückgängig machen, annullieren

Case (sprich engl.): Transportkiste im Veranstaltungsbereich, sehr robust

Catering: Essensversorgung

Lokal Crew Catering: Essensversorgung des Personals

Change over: Umbaupause

Curfew: geplantes Ende einer Veranstaltung oder eines Programms

Deadline: Zeitgrenze

Delay: Zeitverzögerung, Verschiebung des Line up oder des Zeit-Flow nach hinten

Dimmer: Gerät zur Helligkeitssteuerung von Leuchten

DJ: Disc Jockey (Platten- beziehungsweise CD-Abspieler) DJ-Set: ein Mischpult plus zwei Plattenspieler oder CD-Player

Doors open: Türen öffnen, Veranstaltungsfläche ist öffentlich zugänglich (nach der Bezahlung des Eintritts)

DMX: Digital Multiplex, Lichtsteuerungsprotokoll

Festival: Veranstaltungen mit mehreren unterschiedlichen Gruppen

Fliegen: Technik an der (Hallen-)Decke befestigen, nicht auf dem Boden stehend

All Area Access

Floor: Beschallungseinheit, Subspielstätte, Raum oder Fläche mit eigener Beschallung

Flow (sprich engl.): Zeitlinie im Produktionssinn, Start/Stop bei Übergabe/Rückgabe des Veranstaltungsorts

Fluter: Leuchte mit einem sehr großen, eckigen Abstrahlungswinkel, Baufluter

Flyer: Flugblatt, Werbung

FOH: Front of House, Mixerplatz für Licht und Ton

Food: öffentlicher Essens- und Getränkeverkauf (Gastronom)

Non-Food: gesamter öffentlicher Verkauf ohne Essens- und Getränkehandel (Gastronom), Merchandise

Gaffa: extrem festes Klebeband, Panzertape

General Rider: künstlerspezifische Beschreibung der Veranstaltung vom Veranstalter/der Produktion für die Künstler (Anfahrtsbeschreibungen, Hotel, Technikumfang, Catering, Zeiten usw.)

Gig: Auftritt eines Künstlers

Gobo: eine Art Dia für bewegte Leuchten, teilweise rotierbar

Ground-Support: Truss-Gerüst wird vom Boden aus mit Towern aufgestellt

Grounder: Arbeitskraft, die Rigging-Tätigkeiten auf dem Boden vorbereitet

Hand (sprich engl.): Arbeiter, produktionsspezifische Arbeitskraft

Handkasse (dt.): Bargeldkasse vor Ort (für Vor-Ort-Ausgaben der Produktion)

Hardware: produktionsumgangssprachlich für schweres Material wie Container, Zäune, Bühnen, Aggregate usw.

Headliner: wichtigster und bedeutendster Künstler, oberster Name auf Werbeankündigungen

Indoor/Outdoor: innerhalb eines Gebäudes/im Freien

Instruction (sprich engl.): direkte Anweisung, Befehl

Job: Arbeitsfeld oder auch kurze Tätigkeit beziehungsweise Aufgabe

Kopfbügler: kopfbewegter Scheinwerfer

LEE Filters: Firma, die Farbfilter herstellt; Farbcodierung über dreistellige Ziffer

Line up: Ablauf, Reihenfolge der Künstler, Programmplan

Location oder Venue: Veranstaltungsort, Spielstätte

Merchandise, Merch (sprich engl.): fliegende Händler, Verkaufsstände

Molton: schwerer und brandsicherer Stoff

Monitore: Beschallungsanlage für Akteure der Bühne, teilweise separat abgemixt

Moving Light: bewegte Leuchte

Multicore: Kabel mit mehreren Adern; Power Multicore oder Last Multicore: für Netzspannungen

Office: Büro, Produktionsbüro

Open Air: Veranstaltung im Freien

Operateur: Bediener einer technischen Anlage (Ton, Licht, Pyrotechnik)

PA: Power Amplication/Professional Audio, Beschallungsanlage

Pan/Tilt: Drehen/Neigen, Bezeichnung der Bewegungsparameter von Moving Lights

PAR: Parabolic Aluminized Reflector (parabolischer Aluminiumreflektor), weit verbreiteter Standardscheinwerfer

Patchen: anpassen, Zuordnung der an der Lichtstellanlage bedienbaren Steuerkreise zu den Lastkreisen (Hot- oder Hardpatch: im Lastkreis/Softpatch: im Lichtstellpult)

Promotion: Werbung, Auftreten nach außen, Presse

Playback: Einspielen von voraufgezeichneter Musik während eines Auftritts; Full-Playback: komplette Show kommt von einem Band (zumeist DAT)

Public: öffentlich, öffentliche Information, öffentlicher Bereich, öffentliche Veranstaltungsfläche

Puffer: Reserve für Material, Personal, Geld oder auch Zeit bei Havarien oder dem Ausfall primärer Elemente

(Drum-) Raiser: Podest auf der Bühne

Record Release: Veranstaltung zur Vorstellung eines neu erschienen Albums einer Band oder Gruppe

Rider: Maßgaben und Wünsche der Künstler an die Produktion (auch gern zerlegt in Catering-, Technik-, Backstage-, Crew-, Hospitality- usw. Rider)

Rigging: Arbeit an der Alukonstruktion, die im Wesentlichen Technik trägt, zusammensetzen, befestigen (versteifen) und fliegen; Rigger: Arbeitskraft aus diesem Bereich

Rigging-Punkt: Befestigungsmöglichkeit an der Decke, an der die Alukonstruktion hochgezogen wird, Hängepunkt

Runner: spezielle Fahrer (Kurier, Chauffeur)

safe (engl.): sicher, durchführbar; safen: sichern

Scanner: Leuchte, die mittels eines Spiegels bewegtes Licht erzeugt

Glossar

Shutter: mechanische Totalblende für Leuchten, ermöglicht Deaktivierung eines Lichtstrahls, ohne das Leuchtmittel abzuschalten, auch als Jalousie bezeichnet

shutteln: (Personen) transportieren

Side-Crew: Hands zum Auf- und Abbau, Team für Hardwarearbeiten (Zaun, Container usw.)

Side Wings: Podeste an der Seite einer Bühne, auf denen Technik aufgestellt wird

Sky-Beamer: Leuchte, die einen extrem hellen, geraden Lichtstrahl für den Außeneinsatz erzeugt

Soundcheck: kurze Probe unter realen Live-Bedingungen, in der Regel ohne Publikum, Überprüfung der Tonanlage (Kanäle, Einstellungen usw.) durch den Gasttechniker

spielen von X: funktionieren von X

Spot: Leuchte mit sehr engem rundem Abstrahlwinkel

Stage: Bühne, Spielfläche

Stagebox: zentrale Verkabelungsbox auf der Bühne, erlaubt einfache Multicore-Verbindung zum FOH

Stage-Crew: Hands, die direkt auf der Bühne eingesetzt werden

Stagemanager: Inspizient, Bühnenverantwortlicher

Steeler: Arbeitskraft, die mit Truss arbeitet (Rigging)

Steiger: (mobile) Arbeitsbühne, Gerät für Arbeiten in großer Höhe

Stroboskop: Effektleuchte, die mittels Entladungen helle Blitze erzeugen kann

Switch: Schalter, Gerät zum Schalten von Leuchten

Task: Aufgabe, kurze Zeiteinheit

Tools: Kleinmaterial, kleine wichtige Gebrauchsgegenstände, Werkzeug, Zubehör

Tower: senkrechtes Truss-Elementsystem zum Stützen einer Truss-Konstruktion

Trailer: Truck, LKW, 30- beziehungsweise 40-Tonner

Traverse: Gerüstteil zum Befestigen von Technik

Truss: Tragwerk, Alukonstruktion aus Einzelelementen zur Technikbefestigung

Verfolger: stark fokussierbarer, beweglicher Scheinwerfer zum Hervorheben einzelner Personen oder Objekte

Vergenz: Abstrahlwinkel beziehungsweise Öffnungswinkel einer Leuchte

Wackellampe: bewegter Scheinwerfer

Viele Begriffe stammen aus dem Englischen und wurden sauber oder unsauber eingedeutscht. Oft findet man auch regionale Unterschiede in der Begriffsverwendung. Bei Unklarheiten ruhig nachfragen und sich an erfahrene Hands oder Techniker wenden.

Quellennachweis

Mein herzlicher Dank gilt folgenden Personen und Institutionen, die Bilder und Formulare zur Verfügung gestellt haben:

Bauordnungsamt Leipzig: S.43

Tom Becker: S. 76, S. 82

Behördenverlag Jüngling-gbb: S. 37, S. 45, S. 65

Kultour Veranstaltungsservice GmbH: S. 92

Thomas Mitschke, H. Peter (Hrsg.): Handbuch für Schnell-Einsatz-Gruppen, 3., überarbeitete Auflage, 2001, Edewecht; Wien, Stumpf und Kossendey: S. 57 ff

Motorola GnbH: S. 102

Strasse E ®/ Thomas Mann: S. 100

TentEvent GmbH: S. 98

Index

3D-Skizze .72

A
Abbau 154
Abbauphase 153
Abnahme .54
Abnahme der Instrumente 82
Abschottung des Konfliktbereichs .168
Absperrmaterial 95
Absperrung 76
Abtrennungen 95
Abwasser 93
Akquise .137
Ämter 28
Ämterrunden 53
Amtsanträge 28, 138
Angebotsannahmeschluss 137
Angebotseinholung 137
Antrag 34
Arbeitsbühnen 90
Arbeitsgruppen 109
Arbeitsschutzbestimmungen 147
Architekturbeleuchtung 86
Aufbauphase 145
Aufladung 89
Aufzeichnung 152
Ausbildung 9
auschecken 154
Ausschilderungen 159

B
Backstage 26, 151
Backstage Management 125
Backups .72
Barricades 95
BARs 85
Bauaufsichtsamt 30
Baufahrzeuge 89
Baufreiheit 146
Bauordnung 32
Bauordnungsamt/ 30
Bauschutz 146
Bauzäune 95
Bedarfsmengen 106
Bedienpersonal 91
Begriffe .180
Begriffskatalog 180
behindertengerechte Stellflächen . .160
Behindertenpodest 77
Behörden 28
Beinfreiheit 100
Belastungszeiten 160
Beleuchtung 158
Beleuchtung der Parkfläche 161
Bereichsaufteilung 117
Bereichsleiter 110, 116
Bereichsüberschneidungen 117
Bestätigung 35
Bestechungsversuchen 29
Bestimmung der Kapazität 157
Bestuhlungen 99
Betankung 97
Betriebsblindheit 19
Booking 125
Brandlast 48
Brandmelder 49
Brandschutz 47
Brandschutzkonzept 47
Brandwachen 49
Bridle 79
Briefing .117
Briefings 132
Budget 17
Budgetaufteilung 17
Budgetierung 136
Bühne 75, 146
Bühnen-Delay 115
Bühnenbauer 76
Bühnenbuch 79

Index

Bühnengraben 76, 95
Bühnenstellung 75
Bühnentypen 75
Bühnenüberdachung 77
Bündelfunkgeräte 102
Bundesgrenzschutz 63
Bürocontainern 93
BüTec 75

C
CAD 70
Camper 157
Caravans .159
Catering-Kräfte 128
Change over 151
chaotischen Abbau 164
Computer 105
Container .91
Containerstellung 93
Curfew 152

D
Dämmung .51
Datenbanken 68
Dekoration 108
Delay-Linien 81
Diebstahl .152
digitalen Arbeitens 68
DMX 85
Doors open 145, 149
Dumping 17
Dunkelheit 147
dynamische Verhalten 142

E
Eigenakquise 128
Eigendynamik 19
eigene Produktionszeit 139
Einbahnstraßensystem 160
Einlass 149
Einlasshäuschen 92
Einlassöffnung 149
Einlassplanung 92, 120
Einlassschleusen 96
Einsatzbereitschaft 109
Einsatzmöglichkeiten von
Pauschalkräften 132
Einspielungen 83
entflammbaren Materialien 48
Entlüftung .49
Erdnägel 25, 98
Erläuterungs- oder Baubericht 36
Eskalationen 167

F
Fahrer 127
Farbfolien .85
Feuerlöschern 48
Feuerwehr .55
Final Check 154
finales Briefing 148
finanziellen Wert einer Veranstaltung .19
Fläche 24
Flatterband 160
fliegen 78
Fliegende Bauten 42
Floormanager 116
Floorverantwortlicher 112
Flow-Diagramm 138
FOH-Abgrenzungen 95
FOH-Chef 126
Fremdgetränken 121
Fremdveranstaltung 27
Frequenzbereiche 81
Frischwasser 93
Fuhrpark 88
Führungsstab 113
Full-Range-Boxen 81
Funkbasis .74
Funkdisziplin 103
Funkgeräte 101
Funknetzstruktur 102

Funkplanung 103
Funkübergabeprotokoll 104
Funkverkehr 150

G

Gabelerschein 90
Gabelstapler 89
Gabelverlängerungen 89
Gästemassen 163
Gastronomie 63
Gastronomieantrags 64
General Rider 142
geplante Dauer 20
Geschäftsleitung 112
Gesetze 31
Gesundheit 153
Gobos 85
grafische Ausarbeitung 70
Ground-Support 77
Groupies 151
Größenordnungen 19
Grundaufteilung 26
Grundbedarf für Stagehands 124
Grundkonzept 135
Grundposten 119
Grundriss 24
Gutachter 47

H

Haftpflichtversicherung 16
Haftung 72
Hamburger Gitter 96
Handkasse 145
Handkassen 162
Hands 112, 123
Hardware 91
Hauptverbraucher 96
Haus- und Verkehrsrecht 145
Hausmeister 25
Heizöl 99
Heiztechnik 98
Hinweisschilder 108
Hotel 23
Höhenfeuerwerk 88
Hydranten 93
Hydrantenschilder 25
Hygiene .153

I

Idealzustand 149
Improvisationsgrundlage 162
Improvisieren 162
Innenschallpegel 51

J

Jobs 109

K

Kassenkräfte 112
keine Gestattung 55
Kettenzüge 77
Klagen .166
Kleinmaterial 105
Kleintransporter 89
Kommunikation 16, 101, 142
Kontaktperson 151
Konzession 63
körperliche Arbeiten 123
Kräne 90
Küche 27
Küchen .101
Küchengeräte 101
Künstler 151, 168
Künstlerbetreuer 125
Künstlereinlässe 151
Künstlerverträge 143

L

Laminierung 106
LAN-Netzwerke 105
Lärmschutz 51
lebende Brandmelder 118
lebende Überwachungskameras . .118
Lehrgänge 10

Index

Leistung 96
Leute zu beruhigen 165
Lichtanlage 85
Lichtcheck 147
Lichtmischpulte 85
Lichttechnik 84
Lichtverleihfirma 86
LKWs 89
Location 23
Location-Übergabe 145
Lokal-Crew-Catering 147
lokale Infrastruktur 163
lokale Produktionsleiter 116
lokalen Produktionsleiter 22
Lösung 164
Luft- und Satellitenbilder 72

M

Mädchen für alles 132
Manöverkritik 155
Marktfestsetzung 41
Marktfestsetzungen 63
Maßstab 70
Materiallager 27, 106
Materiallieferungen 146
Materialshuttles 127
Maximalkapazität 24
Medienanschlüsse 157
mehreren Veranstaltungsorten 21
Mehrwertsteuer 18
Merchandising 147
Mietpreis 26
Mischpult 82
Mobiltoiletten 94
Monitore 83
Motivation 123, 129, 132
Moving-Lights 85
Müll 158
Müllcontainer 158
Mülltonnen 166
Multicore 82
Muster-Arbeitsvertrag 130

N

Notbeleuchtungskonzept 50
Notebooks 67, 105
Notteams 162

O

Opener 151
Ordnungsamt 30
Ortsbegehung 53
Öltanks 99

P

PA 80
PA-Gesamtleistung 81
Parkplatz bewacht 160
Parkplatzanweiser 112
Parkplätze 159
Pässe 106
Passplanung 106
Patrouillen 120
Pauschalkräfte 130
Personal 109
Personal-Backstage 27
Personalanbieter 128
Personalbereiche 150
Personaldienstleistungsfirma 128
Personalplanung 137
Personalstärken 113
Personalstruktur 147
Personen- 127
Personendichte 24
Personenschutz 119
PKWs 88
Planungselemente 67
Planungshilfen 67
Planungsschritte 135
Planungsstand 143
Platzwarts 159
Plünderungen 165
Polizei 28, 63, 167
Pressekonferenzen 165
Problem 163

191

All Area Access

Produktion .11
Produktionsbudgets 136
Produktionsbüro 73
Produktionsleiter 9
Produktionsleiterassistenten 114
Produktionsmaterial 154
Produktionssitzung 143
Produktionsstudium 10
Produktionstagebuch 152
Professionelle Arbeitskräfte 117
Profis 118
Promotion und Presse 143
Protokoll 53
Puffer 145, 162
Pyrotechnik 86

R

Randalierer 167
Raumtrennung 51
Räumung 151, 168
Realisierbarkeit 142
Rechnern 67
Referenzlisten 116
Regelmäßigkeit 20
Regen 152
Reinigung .154
Rettungsbreiten 48
Rettungskräfte 55, 138, 166
Rettungswegekonzept 47
Rettungswegschilder 48
Richtlinien 31
Rider 125, 137, 143
Rigger 126
Rigging-Plan 79
Risiko 16
Rollraiser 76
Runner 112, 127

S

salvatorische Klausel 15
Sanitärcontainern 93
Sanitärinseln 94

Sanitärsituation 157
Sanitäter 55, 164
Sanitätsprotokoll 56
Sanitätsraum 166
Schäden 154, 164
Schallpegelmessungen 52
Schallverhältnisse 27
Schichtsystem 152
Schichtsysteme 109
Schichtübergaben 112
schlafen 148
Schlafzeiten 152
Schlusszeiten 151
Schneeballeffekt 20
Schwerlastboden 98
Security 112, 118, 150, 167
Security-Einsatzleiter 120
Security-Planung 120
Security-Posten 119
Security-Richtlinien 122
Shuttlen 88
Sicherheit .164
sichern 153
Sichtschutz .95
Sidecrew .123
Sidecrew-Hands 150
Sonderanträge 41
Soundchecks 148-149
Stagehands 123
Stagemanager 114
Stagemanagern 150
Stände 147
Standorte der Aggregate 96
Standortplanung 94
stecken zu bleiben 160
Steckt ein Gabelstapler fest 90
Steiger 90
Straßen 44
Straßensperrungen 44
Strom-Aggregate 96
Stromanschluss 93
Stromchef .125

Index

Stromteam 112, 124
Stundenlisten 154
Subfirmen 137

T

Tabellen 68
Tabellenkalkulation 17
Takt 151
Techniker 125
Teilbereich 116
Telefonverzeichnis 162
Tiefenerders 97
To-do-Liste 135
Tonanlagenchecks 147
Tontechnik 80
tödlich verunglücken Personen 167
Truss 77

U

Übersicht 150
Umbaupausen 151
Umleitungen 44
Umweltverschmutzungen 160
Unterlagennachforderung 35
Unwetter 152

V

Vandalismus 167
Veranstalter 10, 13, 155, 164
Veranstaltung 9
Veranstaltungserlaubnis 28
Veranstaltungsmaterial 91
Veranstaltungsphase 149
Veranstaltungstechnik 75
Verfolger .86
Vergütung 16
Verkehrsschilder 160
Verlassen der Besucher 151
Verletzten 166
Versammlungsstätten- landesspezifisch teilweise auch in richtlinien 33
Verteilsystem 158

Vertrag 14
Verzögerung 149
Vollmachten 13
Vorkassenzahlungen 137
Vorproduktion 135
Vorschriften 31

W

Warmlufterzeuger 99
Warmluftschlauch 99
Wasseranschlüsse 25
Wegeführung 158
Weisungsrechte 109
Wellenbrecher 95
Wind 80

Z

Zeitumstellung 139
Zeltbuch 98
Zelte 97
Zeltplätze 94, 157
Zeltplatzordnungen 158
zentralen Basis 22
Zugaben 151
Zugangsberechtigung 120
Zugangsbereiche 106
Zwischenlagerung 146

PPVMEDIEN

Außerdem bei PPVMEDIEN erschienen:

- Business
- Recording
- Synthesizer
- Gitarre
- Lexika
- Stage
- Workshop

Mechanik in der Veranstaltungstechnik
1. Auflage
22,5 x 15,5 cm, Hardcover
208 Seiten, inkl. CD

ISBN 3-932275-37-3
€ 45

Der hohe Anspruch an die technische Ausstattung von Bühnen, Shows, Messen und Veranstaltungen erfordert grundlegende Kenntnisse in der technischen Mechanik hinsichtlich Planung und Ausführung der Gewerke. Hier setzt dieses Buch an: Es vermittelt die naturwissenschaftlichen Grundlagen der Mechanik, präsentiert Rechenbeispiele und frischt mathematische Grundlagen auf. Inklusive CD mit Berechnungstabellen.

Die Praxis im Musikbusiness
8. Auflage
22,5 x 15,5 cm, Hardcover
454 Seiten

ISBN 3-932275-19-5
€ 30

Von der Herstellung des ersten Demobands bis hin zur fertigen CD werden die Strukturen sowie die damit verbundenen Chancen und Risiken aufgezeigt. Zudem erklärt Lyng Begriffe wie Urheberrechtsgesetz, Bandübernahmevertrag, Verlags-Tantiemen und Konventionalstrafe, nimmt aber auch Randgebiete unter die Lupe: Management, Einkommens-, Gewerbe- und Umsatzsteuer und nicht zuletzt Möglichkeiten der Krankenversicherung für freischaffende Künstler sowie die rechtlichen Grundlagen zur Gründung eines eigenen Verlags.

Jetzt bestellen unter
WWW.PPVMEDIEN.DE/SHOP
oder (0 81 31) 56 55 0

Kontakt: PPVMEDIEN • Postfach 57

Musikrecht
3. vollst. überarbeitete Auflage
22,5 x 15,5 cm, Hardcover
256 Seiten

ISBN 3-932275-23-3
€ 25

Die Berliner Rechtsanwälte Barbara und Gunnar Berndorff sowie Knut Eigler beantworten 81 Fragen aus ihrer täglichen Kanzleipraxis verständlich und kompakt: GEMA und GVL, Sampling und MP3, Urheberrecht und Steuer, Plattenfirma und Musikverlag. Ohne große Paragrafenschlacht, trotzdem exakt und aktuell. Der überarbeiteten Auflage liegt das neue Urheberrecht 2002 zu Grunde. Dieses Buch können Sie auch ohne Jura-Studium lesen.
Ein Muss für jeden Musiker.

Musik & Moneten
2. Auflage
22,5 x 15,5 cm, Hardcover
280 Seiten

ISBN 3-932275-24-1
€ 25

In „Musik & Moneten" geht es um bares Geld – Ihr Geld! Denn jede Klausel in einem Künstler-, Bandübernahme- oder Produzentenvertrag hat für sämtliche Vertragsparteien auch eine konkrete wirtschaftliche Bedeutung. Doch meist ist diese Bedeutung in scheinbar harmlosen Auslegungen oder „Standard"-Klauseln versteckt. „Musik & Moneten" bringt Licht in die wirtschaftlichen Aspekte, zeigt, wie man sein Geld bekommt und wie es einem wieder weggenommen wird, präsentiert Tipps und Tricks, Alternativen und Anregungen.

GEMA, GVL & KSK
1. Auflage
22,5 x 15,5 cm, Hardcover
292 Seiten

ISBN 3-932275-49-7
€ 28

„GEMA, GVL & KSK" ist das Buch, mit dem jeder Musiker und Musikverwerter sicher den Alltag meistern kann. Denn klar und verständlich werden für die Gesellschaft für musikalische Aufführungs- und mechanische Vervielfältigungsrechte (GEMA), die Gesellschaft für Leistungsschutzrechte (GVL) und die Künstlersozialkasse (KSK) Funktion und Auftrag dargestellt, werden Vor- und Nachteile diskutiert und konkrete Rechenbeispiele gegeben. Anhand praktischer Beispiele wird erklärt, was die öffentliche Nutzung von Musik kostet. Besonders praktisch: Im Buch werden alle wichtigen Formulare mit Ausfüllhilfen erläutert.

Taschenlexika bei PPVMEDIEN:

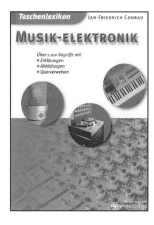
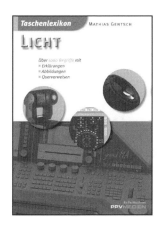
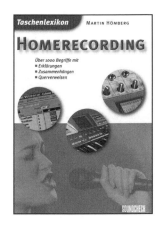

Taschenlexikon
Musikelektronik
14 x 10 cm, Paperback
320 Seiten

ISBN 3-9802124-9-1
€ 13

Dieses Lexikon deckt mit rund 1.100 ausführlichen Einträgen alle Bereiche der aktuellen Musikelektronik ab: Klassische Tontechnik, analoge und digitale Studio- und Beschallungstechnik, Synthesizer, Sampler und Computer. Selbst Jargon-Ausdrücke werden kompetent und klar verständlich erklärt.
Ein unentbehrliches Nachschlagewerk für Musiker und Beschallungstechniker.

Taschenlexikon
Licht
14 x 10 cm, Paperback
196 Seiten

ISBN 3-932275-35-7
€ 13

Dieses Taschenlexikon enthält Stichwörter aus allen Gebieten der Lichttechnik – klar verständlich und praxisnah geschrieben. Über 1.000 Begriffe zu den Themen: Scheinwerfertechnik, optische Grundlagen, Bühnenbeleuchtung, Veranstaltungstechnik und viele weitere Stichworte rund ums Thema Licht. Eine umfassende Übersicht der Lichtarten sowie zahlreiche Tabellen runden dieses Lexikon ab.

Taschenlexikon
Homerecording
14 x 10 cm, Paperback
232 Seiten

ISBN 3-932275-12-8
€ 13

Das Nachschlagewerk für das „Personal Studio".
Weit über 1.000 Begriffe zu Digital- und Analog-Recording, zu Mikrofonen, Sound-Bearbeitung und Effekten, Verkabelung, MIDI und Synchronisation. Praxisbezogen und leicht verständlich.

JETZT IM INTERNET

Weitere Infos und das Verlagsprogramm unter:

WWW.PPVMEDIEN.DE/SHOP

- einfache Bestellung
- Buch-Rezensionen der Fachpresse
- komplettes Inhaltsverzeichnis als PDF
- mehrseitige Leseproben als PDF

PPVMEDIEN • Postfach 57 • D·85230 Bergkirchen